AF347568

Sicher im Digitalen Zeitalter: Ein Leitfaden für ältere Menschen.

Keine Sorge:
Sie können das Internet nicht (versehentlich) löschen!

Jürgen Beck

⚏ tredition

© 2024 Jürgen Beck

1. Auflage März 2024

Korrektorat: Franziska Beck (Geb. Uhl)
Cover Design: Daniel Brauer www.webworx.media

Druck und Distribution im Auftrag des Autors: Jürgen Beck
tredition GmbH, Heinz-Beusen-Stieg 5, 22926 Ahrensburg, Germany

ISBN
Softcover: 978-3-384-13220-8
E-Book: 978-3-384-13221-5

Inhalt

Titel: Sicher im Digitalen Zeitalter: Ein Leitfaden für ältere Menschen

Autor: Jürgen Beck

Liebe Leserinnen und Leser,

mein Name ist Jürgen Beck, und ich freue mich, Sie auf dieser spannenden Reise durch die digitale Welt des Internets zu begleiten. Mit 57 Jahren und einer langjährigen Karriere als Consultant, Teamleiter und Projektmanager habe ich die beeindruckende Entwicklung des Internets aus nächster Nähe miterlebt. Diese Erfahrung hat mich dazu inspiriert, mein Wissen und meine Erkenntnisse mit Ihnen zu teilen – insbesondere mit denen unter Ihnen, die sich in den sogenannten „besten Jahren" befinden.

In einer Welt, die zunehmend digitaler wird, mag das Internet manchmal, wie ein unübersichtlicher Dschungel voller Informationen und Möglichkeiten erscheinen. Dieses Buch ist mein Versuch, Ihnen einen klaren, verständlichen und vor allem nützlichen Überblick über das Internet zu bieten. Es ist speziell für diejenigen gedacht, die nicht mit digitalen Technologien aufgewachsen sind, aber dennoch das immense Potenzial des Internets für sich entdecken und nutzen möchten.

Gemeinsam schauen wir uns die Grundlagen bis hin zu fortgeschrittenen Themen wie Online-Sicherheit, soziale Medien und die Nutzung verschiedener Online-Diensten an. Mein Ziel ist es, dass Sie sich am Ende dieses Buches sicher und selbstbewusst in der digitalen Welt bewegen können.

Keine Sorge: Sie können das Internet nicht (versehentlich) löschen!

Es ist ein verbreitetes Missverständnis und eine Sorge unter Internet-Nutzern, besonders unter denen, die neu in der digitalen Welt sind, dass Sie durch eine falsche Aktion das Internet „löschen" oder erheblich stören könnten. Ich möchte Ihnen versichern, dass dies ein praktisch unmögliches Szenario ist.
Das Internet ist ein globales Netzwerk aus Millionen von Computern, Servern und anderen Geräten, die über vielfältige und komplexe Wege miteinander verbunden sind. Diese Infrastruktur ist so konzipiert, dass sie robust und widerstandsfähig gegen Fehler einzelner Nutzer ist. Ein versehentlicher Klick oder eine ungewollte Aktion auf Ihrem Computer oder Mobilgerät kann das Internet als Ganzes nicht beeinträchtigen.

Wenn Sie online sind, interagieren Sie lediglich mit einer sehr kleinen und kontrollierten Schnittstelle des globalen Netzes. Sie können sich also entspannen und das Internet ohne die Sorge nutzen, dass Sie durch Ihre Aktionen irgendeinen großflächigen Schaden verursachen könnten. Das Internet ist ein mächtiges Werkzeug, aber auch ein sehr robustes, das nicht durch die Handlungen eines einzelnen Benutzers „gelöscht" werden kann.

Viel Spaß und Erfolg bei der Erkundung des digitalen Raums!

Ich lade Sie ein, mich auf dieser Entdeckungsreise zu begleiten. Lassen Sie uns gemeinsam die Türen zu einem Bereich öffnen, der nicht nur jüngeren Generationen vorbehalten sein sollte, sondern uns allen unzählige Möglichkeiten bietet.

Herzlichst, Jürgen Beck

Um den Lesefluss einfacher zu gestalten, wird im Folgenden das generische Maskulin angewendet und vom Gendern abgesehen.

1 Einführung

Bedeutung des Internets im digitalen Zeitalter

Globalisierung und Vernetzung: Das Internet hat die Welt kleiner gemacht, indem es Menschen über Kontinente hinweg verbindet. Es ermöglicht den Austausch von Informationen und Kulturen in Echtzeit und trägt so zur Globalisierung bei.

Wissens- und Informationszugang: Einer der größten Vorteile des Internets ist der nahezu unbegrenzte Zugang zu Informationen. Dies reicht von Bildungsmaterialien über Nachrichten bis hin zu wissenschaftlichen Forschungsergebnissen.

Wirtschaftliche Auswirkungen: Das Internet hat neue Wirtschaftszweige geschaffen und traditionelle Industrien transformiert. Online-Handel, digitales Marketing und E-Commerce sind nur einige Beispiele für durch das Internet entstandene Bereiche.

Soziale Interaktion: Soziale Medien und Online-Kommunikationsplattformen haben die Art und Weise, wie Menschen interagieren und Beziehungen pflegen, grundlegend verändert. Sie bieten Plattformen für den Austausch von Meinungen, den Aufbau von Gemeinschaften und sogar politische Mobilisierung.

Bildung und Lernen: Online-Bildungsplattformen, E-Learning-Tools und digitale Bibliotheken machen Bildung zugänglicher und flexibler. Dies fördert lebenslanges Lernen und Selbstbildung.

Arbeitswelt: Die Digitalisierung der Arbeitswelt, einschließlich der Möglichkeit zum Homeoffice, ist ohne das Internet nicht denkbar. Dies hat zu einer Neugestaltung von Arbeitsmodellen und einer besseren Work-Life-Balance beigetragen.

Gesundheitswesen: Telemedizin und digitale Gesundheitsdienste haben sich durch das Internet stark entwickelt, was die medizinische Versorgung effizienter und zugänglicher macht.

Regierung und Verwaltung: E-Government-Dienste (E-Government beschreibt die Nutzung elektronischer Informations- und Kommunikationstechnik zur Einbeziehung des Kunden in das Handeln von Regierungen und öffentlicher Verwaltung – Quelle *BSI*) ermöglichen Bürgern, auf öffentliche Dienstleistungen zuzugreifen und mit Behörden digital zu interagieren, was zu einer erhöhten Transparenz und Effizienz in der öffentlichen Verwaltung führt.

Datensicherheit und Privatsphäre: Mit der wachsenden Bedeutung des Internets steigen auch die Herausforderungen im Bereich der Datensicherheit und des Datenschutzes. Dies ist besonders relevant für ältere Menschen, die sich dieser Risiken bewusst sein müssen.

Das Internet ist ein wesentlicher Bestandteil des modernen Lebens und hat tiefgreifende Auswirkungen auf fast jeden Aspekt des täglichen Lebens. Für ältere Menschen ist es wichtig, die vielfältigen Möglichkeiten, die das Internet bietet, zu erkennen und gleichzeitig die damit verbundenen Herausforderungen zu verstehen.

2 Spezifische Herausforderungen für ältere Menschen

Bei den spezifischen Herausforderungen für ältere Menschen im digitalen Zeitalter gibt es mehrere wichtige Aspekte zu berücksichtigen:

Technologische Barrieren

Ältere Menschen stehen vor Herausforderungen wie der Funktionalität, dem Inhalt und der Verfügbarkeit von Technologien. Insbesondere physische Einschränkungen wie Seh- und Hörschwierigkeiten, Erinnerungsprobleme und feinmotorische Kontrolle können die Nutzung digitaler Technologien erschweren. Jedoch können neue Technologien auch Barrieren überwinden, um physische Einschränkungen im Alter zu überwinden. Haben Sie zum Beispiel Sehschwierigkeiten und lesen gerne Bücher, so können digitale Hörbücher ihnen weiterhin diese Freude am Lesen erhalten.

Digitale Kompetenz

Viele ältere Menschen haben den Großteil ihres Arbeits- und Privatlebens ohne regelmäßige Nutzung digitaler Technologien verbracht und müssen erst digitale Fähigkeiten erlernen. Es wurde festgestellt, dass nur ein Viertel der älteren Europäer über grundlegende oder darüberhinausgehende digitale Fähigkeiten verfügt, verglichen mit höheren Anteilen in jüngeren Altersgruppen.

Vorbehalte und Ängste

Es gibt oft Vorbehalte und Ängste gegenüber neuen Technologien, die durch Mangel an Selbstvertrauen und Angst vor Unzulänglichkeit verstärkt werden können. Bleiben Sie neugierig und trauen Sie sich zu, sich mit diesen neuen Technologien zu beschäftigen und die ein oder andere neue Technologie auch mal zu testen.

3 Chancen

Aktive Beteiligung

Ältere Menschen können sich aktiv in den Gestaltungsprozess digitaler Technologien einbringen, was die Benutzerfreundlichkeit und Relevanz verbessern kann. Diese Beteiligung kann auch veraltete Stereotypen über ältere Technologienutzer herausfordern und abbauen.

Verbesserte Zugänglichkeit

Initiativen wie der "Silver Surfer"-Ansatz in Luxemburg, bei dem ältere Freiwillige, die speziell in Internetsicherheit geschult sind, andere ältere Menschen trainieren, zeigen, wie digitale Inklusion gefördert werden kann. Aber was versteht man. Unter „Digitaler Inklusion"? Digitale Inklusion kann als Inklusion mit digitalen Medien und Inklusion in die digitale Gesellschaft verstanden werden. Diesem Verständnis nach ist einerseits zu fragen, wie digitale Medien potenziell allen ermöglichen können, an Gesellschaft und Bildung teilzuhaben. Anderseits muss nach Wegen gesucht werden, im speziellen älteren Menschen an der digitalen Gesellschaft, an der Nutzung des Internets und der Nutzung digitaler Tools und Technik teilhaben zu lassen.

Unterstützungsnetzwerke

Die Einrichtung von Unterstützungsnetzwerken, sowohl technologisch als auch sozial, kann älteren Menschen helfen, den Übergang zur digitalen Welt zu bewältigen. In Deutschland zum Beispiel traten die Bundesländer Ende 2023 dem Bündnis *„DigitalPaktAlter"* bei. Dieses Bündnis fördert die digitale Teilhabe älter Menschen, vernetzt wichtige Akteurinnen und Akteure und macht auf die Angebote für den Erwerb digitaler Kompetenzen aufmerksam. Weitere Informationen erhalten Sie unter: *https://www.bmfsfj.de/bmfsfj/aktuelles/alle-meldungen/bundeslaender-treten-dem-digitalpakt-alter-bei-234332*

Daher ist es für mich in diesem Buch sehr wichtig, sowohl die Herausforderungen als auch die Chancen zu beleuchten, die das digitale Zeitalter für ältere Menschen mit sich bringt. Durch die Betonung von Bildung, Unterstützung und der aktiven Einbeziehung älterer Menschen in die Technologiegestaltung kann die digitale Kluft überbrückt werden, um älteren Menschen einen sicheren und bereichernden Zugang zur digitalen Welt zu ermöglichen.

4 Grundlagen des Internets

Geschichte des Internets

Die Anfänge und ARPANET

Die Geschichte des Internets begann in den 1950er und 1960er Jahren mit der Entwicklung des *ARPANET* durch die *Advanced Research Projects Agency (ARPA)* des US-Verteidigungsministeriums. Dieses Netzwerk wurde entwickelt, um eine sichere und effiziente Kommunikation zu ermöglichen, insbesondere im Hinblick auf militärische Anforderungen und Bedrohungen während des Kalten Krieges. *Lawrence Roberts* und Leonard Kleinrock waren Schlüsselfiguren in dieser Phase, wobei *Kleinrock* maßgeblich an der Entwicklung der Paketvermittlungstechnologie beteiligt war, die eine effiziente Datenübertragung ermöglichte.

Entwicklung von TCP/IP

In den 1970er Jahren entwarfen die Wissenschaftler *Bob Kahn* und Vint *Cerf* das Transmission Control Protocol (TCP) und das Internet Protocol (IP), bekannt als TCP/IP. Diese Protokolle ermöglichten die Kommunikation zwischen verschiedenen Netzwerken und waren entscheidend für die Entwicklung des Internets zu einem globalen Netzwerk.

Die Einführung des DNS

Mit der wachsenden Anzahl von Computern im Netzwerk wurde es zunehmend schwieriger, die verschiedenen IP-Adressen zu verwalten. Dieses Problem wurde durch die Einführung des Domain Name Systems (DNS) im Jahr 1983 gelöst, das von *Paul Mockapetris* und *Jon Postel* entwickelt wurde. *DNS* wandelt schwierig zu merkende IP-Adressen in einfache Namen um.

Die Entstehung des World Wide Web

In den 1980er Jahren begannen Forscher und Wissenschaftler, das Internet zur Übertragung von Dateien und Daten zu nutzen. 1991 wurde das World Wide Web von *Tim Berners-Lee* eingeführt, das das Internet von einer einfachen Dateiübertragungsmethode zu einem umfassenden Informationsnetzwerk transformierte. Berners-Lee schuf somit das Internet, wie wir es heute kennen.

Die Rolle des Internets in der modernen Gesellschaft

Seit der Einführung des World Wide Web hat sich das Internet rasant weiterentwickelt und ist zu einem integralen Bestandteil des täglichen Lebens geworden, mit Auswirkungen auf Bildung, Kommunikation, Wirtschaft und mehr. Diese Entwicklung wurde durch die Einführung benutzerfreundlicher Webbrowser wie *Mosaic,* später *Netscape*, und die Kommerzialisierung des Internets in den frühen 1990er Jahren beschleunigt.

Heute ist das Internet ein unverzichtbarer Bestandteil des täglichen Lebens, der Wirtschaft und der Regierung. Es hat die Art und Weise, wie wir kommunizieren, Informationen austauschen und Geschäfte tätigen, grundlegend verändert. Technologien wie mobiles Internet, soziale Medien, das Internet der Dinge (IoT-Internet oft Things) treiben die ständige Weiterentwicklung und Integration des Internets in alle Lebensbereiche voran.
Datenschutz, Cybersecurity und die Regulierung von Technologie-Giganten sind zentrale Themen. Gleichzeitig treiben Innovationen wie das Internet der Dinge, Künstliche Intelligenz und Virtual Reality die Entwicklung weiter voran.

Bedeutung des Internets

Das Internet hat die Welt kleiner gemacht, indem es Menschen über Kontinente hinweg verbindet.
Es hat zu bedeutenden Fortschritten in Bereichen wie Wissenschaft, Bildung, Gesundheitswesen und Handel geführt.
Die Fähigkeit, Informationen schnell zu verbreiten, hat zu einer Demokratisierung des Wissens und zu größerer Transparenz in vielen Bereichen geführt.

Ein Blick in die Zukunft

Die Zukunft des Internets könnte geprägt sein von noch stärkerer Vernetzung, autonomer Technologie und einer Verschmelzung von physischer und digitaler Realität. Themen wie das Metaverse (Das Metaversum oder englisch Metaverse ist ein Konzept, bei dem ein digitaler Raum durch das Zusammenwirken virtueller, erweiterter und physischer Realität entsteht), Quantencomputing (Quantencomputing ist ein multidisziplinäres Gebiet, das Aspekte der Informatik, Physik und Mathematik umfasst und die Quantenmechanik nutzt, um komplexe Probleme schneller als auf klassischen Computern zu lösen. Das Gebiet des Quantencomputings umfasst Hardwareforschung und Anwendungsentwicklung) und nachhaltige Technologien werden voraussichtlich die nächste Entwicklungsphase des Internets bestimmen.

Das verspricht zahlreiche Innovationen und Entwicklungen, die für ältere Menschen sowohl interessant als auch herausfordernd sein können. Hier ist ein Überblick über einige Trends und Technologien, die in den kommenden Jahren an Bedeutung gewinnen dürften:

Erweiterte Realität (Augmented Reality, AR) und Virtuelle Realität (VR): Diese Technologien werden voraussichtlich alltäglicher und könnten älteren Menschen helfen, virtuell zu reisen, an entfernten Veranstaltungen teilzunehmen oder neue soziale Interaktionen zu erleben.
Augmented Reality (AR). Übersetzt wird Augmented Reality mit „erweiterte Realität", in der Fachsprache ist ebenso von „angereicherter Realität" die Rede. Demnach werden in die reale Welt digitale Elemente eingefügt – direkt auf einem Bildschirm oder in einer Brille. Also vor den Augen des Betrachters.

Künstliche Intelligenz (KI): KI-Technologien werden weiterhin fortschreiten und könnten in Form von persönlichen Assistenten, die bei täglichen Aufgaben helfen, oder in Gesundheits-Apps, die medizinische Ratschläge und Überwachung bieten, zunehmend in das Alltagsleben integriert werden.

Telemedizin und digitale Gesundheitsdienste: Der Zugang zu medizinischen Dienstleistungen und Beratungen über das Internet wird wahrscheinlich einfacher und effizienter, was insbesondere für ältere Menschen, die möglicherweise eingeschränkter mobil sind, von Vorteil sein kann.

Internet der Dinge (IoT): Geräte und Sensoren, die mit dem Internet verbunden sind, werden zunehmend in Häusern eingesetzt, um den Alltag zu erleichtern und die Sicherheit zu erhöhen, beispielsweise durch automatisierte Beleuchtung, Temperaturregelung oder Notfallsensoren.

Verbesserte Konnektivität durch 5G: Der Ausbau des 5G-Netzes wird zu schnelleren und zuverlässigeren Internetverbindungen führen, was die Nutzung von Online-Diensten und -Anwendungen erleichtert.

Soziale Medien und Plattformen für ältere Menschen: Es wird erwartet, dass mehr soziale Plattformen und Online-Communities (Online-Gemeinschaft) entstehen, die speziell auf die Bedürfnisse und Interessen älterer Menschen zugeschnitten sind.

Barrierefreiheit und Benutzerfreundlichkeit: Technologien und Webdesigns werden sich weiterhin in Richtung größerer Zugänglichkeit und

Benutzerfreundlichkeit für ältere Menschen entwickeln, was den Zugang und die Nutzung des Internets erleichterten.

Lebenslanges Lernen und Online-Bildung: Online-Kurse und Lernplattformen werden weiterhin expandieren, was älteren Menschen ermöglicht, neue Fähigkeiten zu erlernen und sich in verschiedenen Bereichen weiterzubilden.

Cybersicherheit: Mit der zunehmenden Vernetzung wird auch der Schutz der Privatsphäre und der persönlichen Daten immer wichtiger. Es wird erwartet, dass einfach zu bedienende Sicherheitstools (Sicherheitswerkzeuge) und -dienste zur Verfügung stehen werden, um Nutzer zu schützen.

Diese Entwicklungen bieten älteren Menschen die Chance, aktiv am digitalen Zeitalter teilzunehmen, erfordern jedoch auch eine gewisse Bereitschaft, sich mit neuen Technologien auseinanderzusetzen und kontinuierlich zu lernen.

Das Internet bleibt ein dynamisches, sich ständig weiterentwickelndes Phänomen. Seine volle Tragweite und seine Auswirkungen auf die menschliche Gesellschaft sind noch nicht absehbar, doch eines ist sicher: Es wird weiterhin ein zentraler Bestandteil unseres Lebens und unserer Zukunft sein.

Diese Zusammenfassung gibt einen Überblick über die Ursprünge und die Entwicklung des Internets. Es ist ein komplexes und ständig weiterentwickelndes Phänomen, das die menschliche Interaktion und Informationsverteilung revolutioniert hat.

5 Wie funktioniert das Internet?

Das Internet ist ein weitreichendes Netzwerk, das Millionen von Computern und anderen elektronischen Geräten weltweit miteinander verbindet. Um zu verstehen, wie das Internet funktioniert, ist es hilfreich, einige seiner grundlegenden Komponenten und Prozesse zu betrachten:

Datenübertragung und Internetprotokolle

IP-Adressen: Jedes Gerät, das mit dem Internet verbunden ist, erhält eine einzigartige IP-Adresse (Internet Protocol Adresse), die es im Netzwerk identifizierbar macht. Diese Adressen ermöglichen es, dass Daten von ihrem Ursprung zum richtigen Ziel geleitet werden.

IPv4-Adressen

IPv4-Adressen bestehen aus 32 Bits (Ein Bit, engl. Abkürzung für: binary digit; dt.: Binärziffer) ist die kleinste Informationseinheit eines Rechners und entspricht den Zuständen "Strom an" (1) und "Strom aus" (0). In der Regel werden acht Bits zu einem Byte zusammengefasst. und werden normalerweise in einem dezimalen Format dargestellt, das durch Punkte getrennt ist.
Eine typische IPv4-Adresse sieht so aus: 192.168.1.1.
Jeder der vier Abschnitte (genannt Oktette) kann eine Zahl zwischen 0 und 255 enthalten, was eine breite Palette von möglichen Adressen ermöglicht.

IPv6-Adressen

Aufgrund der Begrenzung der verfügbaren Adressen in IPv4 wurde IPv6 entwickelt, das 128 Bits für jede Adresse verwendet.
IPv6-Adressen werden in einem hexadezimalen Format dargestellt und durch Doppelpunkte getrennt.
Eine typische IPv6-Adresse könnte so aussehen:
2001:0db8:85a3:0000:0000:8a2e:0370:7334.
Durch die größere Bitzahl bietet IPv6 eine fast unendliche Anzahl von IP-Adressen.

Aufbau und Bedeutung

Bei beiden IP-Versionen dient die Adresse dazu, Geräte eindeutig zu identifizieren und den Datenverkehr im Internet richtig zu leiten.

IP-Adressen können statisch (dauerhaft einem Gerät zugewiesen) oder dynamisch (temporär zugewiesen, zum Beispiel durch einen DHCP-Server in Heimnetzwerken) sein.

DHCP-Server (Der Dienst DHCP-Server wird verwendet, um die Verwaltung von IP-Adressen in einem TCP/IP-basierten Netzwerk zu zentralisieren. Durch den Einsatz von DHCP kann die Netzwerkverwaltung vereinfacht werden, da IP-Adressen automatisch zugewiesen werden).

In IPv4 sind bestimmte Adressbereiche für spezielle Zwecke reserviert, wie private Netzwerke (z.B. 192.168.x.x) oder Loopback-Adressen (127.0.0.1, die das eigene Gerät bezeichnet. Die Loopback-Adresse ist eine reservierte Netzwerkschnittstelle, die vom lokalen System für eine prozessinterne Konfiguration verwendet wird. Über diese Adresse kann der Host Pakete an sich selbst senden). Die IP-Adresse ist ein grundlegendes Element der Netzwerkkommunikation und ermöglicht es, dass Datenpakete ihren Bestimmungsort im riesigen Netzwerk des Internets erreichen.

TCP/IP: Das Übertragungssteuerungsprotokoll (TCP-Transmission Control Protocol) zusammen mit dem Internetprotokoll (IP) ist das Herzstück des Internets. TCP teilt Informationen in kleinere Pakete auf, die dann über das Netzwerk gesendet werden. Am Zielort setzt TCP die Pakete wieder zusammen.

Datenaustausch über Netzwerke

Router und Server: Router leiten Datenpakete durch das Netzwerk, indem sie die effizientesten Wege zum Senden der Daten finden. Server sind leistungsstarke Computer, die Daten speichern und Dienste wie Websites bereitstellen.

DNS (Domain Name System): DNS funktioniert wie ein Adressbuch des Internets. Wenn Sie eine Webadresse (URL) in Ihren Browser eingeben, übersetzt DNS diese in die entsprechende IP-Adresse.

World Wide Web und Browser

Webseiten und HTML: Das World Wide Web besteht aus Millionen von Webseiten, die in HTML (Hypertext Markup Language) geschrieben sind und über das Internet zugänglich sind.

Webbrowser: Browser wie *Chrome, Firefox, Bing* oder *Safari* interpretieren HTML und andere Webtechnologien, um Webseiten für Nutzer sichtbar und interaktiv zu machen.

Internetdienste

E-Mail: E-Mail-Dienste verwenden spezielle Protokolle wie SMTP (Simple Mail Transfer Protocol), um Nachrichten zu senden und zu empfangen.

Cloud-Dienste: Viele Daten und Anwendungen sind heutzutage in der Cloud gespeichert, was bedeutet, dass sie auf Servern im Internet gespeichert und von dort abgerufen werden können.

Cloud: Unter Clouds kann man sich (große) Rechenzentren vorstellen, die mit dem Internet verbunden sind. Dort werden verschiedene Dienste für Privatanwenderinnen und Privatanwender sowie für Unternehmen angeboten. Cloud-Anbieter betreiben diese Rechenzentren hoch automatisiert, sodass sie ihre Dienste sehr vielen Benutzerinnen und Benutzern gleichzeitig anbieten und sehr hohe Anforderungen bewältigen können. Dies gelingt auch deshalb, weil sie standardisierte Dienste anbieten, die für alle grundsätzlich gleich sind.

Sicherheit und Datenschutz

Verschlüsselung: Technologien wie SSL (Secure Sockets Layer) verschlüsseln Daten, die über das Internet übertragen werden, um die Sicherheit zu erhöhen.

Firewalls und Antivirusprogramme: Diese Sicherheitsmaßnahmen schützen Einzelgeräte und Netzwerke vor unerwünschten oder schädlichen Angriffen.

Client-Server-Modell

Das Internet besteht aus Millionen von Computern, von denen einige als Server fungieren, die Informationen speichern und auf Anfrage weitergeben, während andere als Clients agieren, die Informationen von diesen Servern abrufen. Ein Beispiel hierfür ist, wenn Ihr Computer über das Internet eine Verbindung zu einem Mailserver herstellt, um Ihre Nachrichten abzurufen.

Netzwerke und Router

Computer können physisch (mit Ethernet-Kabeln) oder drahtlos (z.B. mit Wi-Fi) miteinander verbunden werden. Ein Netzwerk ist nicht auf zwei Computer beschränkt; man kann beliebig viele Computer verbinden. Um jedoch viele Computer zu verbinden, wird ein Router benötigt, der wie ein Signalgeber an einem Bahnhof funktioniert und sicherstellt, dass Nachrichten vom sendenden Computer zum richtigen Zielcomputer gelangen.

Pakete und Paketvermittlung

Informationen werden über das Internet in Form von Datenpaketen übertragen. Diese Pakete werden unabhängig voneinander über verschiedene Router und Schalter verarbeitet, ohne dass deren Quelle oder Ziel berücksichtigt wird. Dieses Prinzip ermöglicht es, dass viele Menschen gleichzeitig das Internet nutzen können, anstatt dass eine Verbindung zwischen zwei Computern mehrere Kabel, Router und Schalter für längere Zeit belegt.

Protokolle

Um die Kommunikation zwischen Computern mit unterschiedlicher Hardware und Software zu ermöglichen, werden standardisierte Protokolle wie Ethernet, IP (Internet Protocol), TCP (Transmission Control Protocol) und HTTP (Hypertext Transfer Protocol) verwendet. Diese Protokolle stellen sicher, dass alle Internet-verbundenen Geräte miteinander kommunizieren und sich verstehen können.

Anwendungstransferprotokolle

Verschiedene Anwendungen im Internet nutzen eigene Protokolle zur Kommunikation. Zum Beispiel verwendet der Server, der Ihre E-Mails speichert, das SMTP (Simple Mail Transfer Protocol), während FTP (File Transfer Protocol) für Dateiübertragungen verwendet wird. Bei der Verbindung zu sicheren Websites ändert sich das Protokoll von http zu https (das "s" steht für sicher), was bedeutet, dass die Kommunikation zwischen Ihrem Browser und dem Server verschlüsselt wird.

Internetgeschwindigkeit (Mbps/Gbps)

Dies bezieht sich auf die Rate, mit der Daten über das Internet übertragen werden. Megabit pro Sekunde (Mbps) und Gigabit pro Sekunde (Gbps) sind Maßeinheiten für diese Geschwindigkeit. Dabei steht ein Megabit für eine Datenmenge, und Mbps gibt an, wie viele Megabits pro Sekunde übertragen werden.

Download- und Upload-Geschwindigkeit

Download-Geschwindigkeit bezieht sich auf die Geschwindigkeit, mit der eingehende Daten übertragen werden, während Upload-Geschwindigkeit sich auf ausgehende Daten bezieht. Bei den meisten Internetanschlüssen sind diese Geschwindigkeiten unterschiedlich.

Breitband

Unter "Breitband" versteht man einen Internetzugang mit einer hohen Daten-übertragungsrate. Eine verbindliche Definition dafür gibt es allerdings nicht. Denn die Anforderungen an die Datenübertragungsraten steigen stetig. Auf Grundlage der NGA-Rahmenregelung (Mit dem Begriff NGA werden Zugangs-netze bezeichnet, welche die kupferbasierenden oder koaxialen Infrastrukturen teilweise oder ganz durch Glasfaserleitungen ersetzen.) der EU gelten Gebiete, die nicht über eine Versorgung von mindestens 100 Mbit/s verfügen, als nicht ausreichend versorgt.

Breitband ist die Grundlage der Digitalisierung. Wichtig ist jedoch nicht nur die Bandbreite, sondern beispielsweise auch deren permanente und gleichmäßige Verfügbarkeit beim Herunter- und Hochladen von Daten. Je nach Anwendungs-szenario können auch Reaktionszeit, Energieeffizienz und andere Kriterien wichtig sein.

Backbone-Netz

Das Backbone-Netz bezeichnet den Netzabschnitt zwischen den Netzknoten. Die Aufgabe des Backbone-Netzes ist die Vermittlung und Weitverkehr-Über-tragung. Backbone-Netze sind in der Regel Glasfasernetze mit regionaler oder nationaler Ausdehnung.

Point of Presence

Ein Point of Presence (PoP) ist ein Knotenpunkt innerhalb eines Kommunikati-onssystems, der die Verbindungen zwischen zwei oder mehr Kommunikations-netzen aufbaut. Am PoP werden die Verbindungen für den Daten- und Sprach-verkehr von den verschiedenen Vermittlungsstellen zusammengeführt.

Mobilfunkmasten werden ebenfalls mit Glasfaserkabel angebunden. Dies ist wichtig für den künftigen 5G-Ausbau.

Freileitungen bieten eine gute Alternative zu erdverlegten Glasfaserleitungen in Regionen mit schwieriger Siedlungsstruktur, schwieriger Topografie oder schwieriger Geologie.

FTTC-Netz

Bei einem FTTC-Netz (Fibre to the Curb) wird die Glasfaser vom PoP bis zum letzten Kabelverzweiger im Ortsnetz verlegt. Von dort aus führen meist

Kupferleitungen zu den Endkunden („letzte Meile"). Je größer die Entfernung zum Kabelverzweiger ist, desto geringere Datenübertragungsraten sind realisierbar.

FTTB-Netz

Bei einem FTTB-Netz (Fibre to the Building) führt die Glasfaserleitung direkt ins Haus. Dieses Netz wird auch Höchstgeschwindigkeitsnetz genannt.

FTTH-Technologie

Bei der FTTH-Technologie (Fibre to the Home) führt die Glasfaserleitung zum Gebäude und wird über eine Inhouse-Verkabelung bis in die Wohnung verlegt.

Darüber hinaus spielt auch die Versorgung über Satelliten eine zunehmend wichtige Rolle. Die Satelliten der neuesten Generation können flächendeckende und leistungsfähige Systeme mit Übertragungswerten von bis zu 100 Mbit/s liefern. Die Satellitentechnik kann daher eine schnelle und praktikable Übergangslösung darstellen.

ISP (Internet Service Provider)

Ein Internet Service Provider (ISP) ist eine Organisation, die verschiedene Dienste anbietet, um Nutzern den Zugang zum Internet und dessen Nutzung zu ermöglichen. ISPs können private, kommunale, kommerzielle oder gemeinnützige Organisationen sein. Sie bieten allgemeine Dienste wie Internetzugang, Webhosting, Internet-Transit, E-Mail-Dienste, Proxy-Server, Colocation (, Domain-Namen-Registrierung und vieles mehr.

Internet-Transit bezeichnet in der Netzwerktechnik die Dienstleistung, Datenverkehr durch ein Netzwerk durchzuleiten. Dabei handelt es sich bei den Vertragspartnern meist um unterschiedlich große Provider (Dienstleiter), wobei der größere gegen Bezahlung einen sogenannten Uplink (Hochladen der Datenübertragung in Richtung Telekommunikationsnetz) zur Verfügung stellt. Abgerechnet wird dabei nach hochgeleiteter Datenmenge.

Hosting oder auch Webhosting ist das Anbieten von Speicherplatz und Ressourcen auf einem Server für die Veröffentlichung einer Website im Internet. Dabei werden Websites und andere Online-Anwendungen auf Servern gespeichert, sodass sie über das Internet immer wieder abgerufen werden können.

Proxy-Server leitet den Datenverkehr zwischen Ihrem Gerät und dem Internet weiter und sorgt dafür, dass Ihr Browser nie in direktem Kontakt mit den von Ihnen besuchten Webseiten steht. Stellen Sie eine Webanforderung, wird diese zunächst an den Proxy-Server geschickt

Colocation oder Co-Location (das Wort setzt sich aus den lateinischen Begriffen „co" (zusammen, mit) und „lokus" (Ort) zusammen.), auch Serverhousing oder Serverhoming, bezeichnet die Dienstleistung zur Bereitstellung von Rechenzentrumsflächen für Dritte zum Betrieb von Informationstechnik. Ein Colocation-Rechenzentrum wird in der Regel von mehreren (gewerblichen) Kunden genutzt.

Kurz gesagt: Ohne einen Internetanbieter können Sie das Internet nicht nutzen und all die großartigen (coolen) Dinge tun, die ihnen Spaß machen, wie Online-Banking, soziale Medien nutzen, online einkaufen usw.

Streaming
Streaming ist eine Methode der Datenübertragung, die es ermöglicht, Inhalte (wie Musik oder Videos) zu nutzen, während diese noch geladen werden.

Streaming ist ein englisches Wort, das so viel wie "strömen" oder "fließen" bedeutet. Aber was hat das mit Videos und Musik zu tun? Ganz einfach: Beim Streaming werden Videos und Musik in kleine Stücke zerlegt und dann direkt aus dem Internet auf ihre Geräte geschickt.

Das Tolle daran? Sie können die Videos schon anschauen oder die Musik hören, während der Rest noch geladen wird. Aber Achtung: Wenn ihre Internetverbindung zu langsam ist, könnte das Video ein bisschen ruckeln. Das liegt daran, dass die Daten nicht schnell genug geladen werden können.

Modem
Ein Modem verbindet Ihr Zuhause mit dem Internet, während ein Router es ermöglicht, dass mehrere Geräte über das Modem mit dem Internet verbunden werden können. Obwohl ein Modem und ein Router wie ähnliche Geräte aussehen, haben sie unterschiedliche Funktionen. Ein Modem ist nicht dasselbe wie ein Router, und wenn Sie eine zuverlässige Internetverbindung benötigen, ist es vom Vorteil, die Unterschiede zwischen diesen Geräten zu kennen. In diesem Artikel erkläre ich, was ein Modem und was ein Router ist und wie sich diese Geräte voneinander unterscheiden.

Was ist ein Modem?
Ein Modem dient als Verbindung zwischen dem Internet und dem Computer. Er
ist für die Übersetzung oder Umwandlung von Signalen, die Modulation und
Demodulation des Internetsignals zuständig. Er wandelt das digitale Signal des
Computers in ein analoges Signal um, das durch die Kabelverbindung läuft, und
wandelt es auf der anderen Seite wieder in ein digitales Signal, d. h. in Einsen
und Nullen, um. Das Modem kann an jede Art von Infrastruktur angeschlossen
werden - Kabel, Telefon, Satellit oder Glasfaser.

Router

Was ist ein Router?
Ein Router ist ein Gerät, das mehrere Netzwerke miteinander verbindet und den
Netzwerkverkehr zwischen ihnen ausrichtet. Er befindet sich zwischen der In-
ternetverbindung und dem lokalen Netz. Er ermöglicht die Verbindung mehrerer
Geräte mit dem Internet über eine einzige physische Verbindung. Angeschlos-
sene Geräte können über das lokale Netz miteinander kommunizieren. Der
Router überwacht, welcher Datenverkehr an bestimmte Geräte im Netzwerk
geht, und weist jedem Gerät eine IP-Adresse zu.

Modem und ein Router sind Schlüsselkomponenten, die zusammenarbeiten,
um Ihnen eine stabile Internetverbindung und Netzwerkkonnektivität zu bieten.
Das Modem ermöglicht die Verbindung zum Internet, während der Router den
Datenverkehr in Ihrem lokalen Netzwerk verwaltet und verteilt. Beide sind un-
verzichtbar, um eine reibungslose Internetnutzung und Netzwerkkommunikation zu gewährleisten.

Zwei in einem

Heutzutage muss man nicht mehr nach zwei separaten Geräten suchen, sondern die Hersteller integrieren das Modem direkt in den Router.

VoIP (Voice over Internet Protocol)

Eine Technologie, die es ermöglicht, Sprachkommunikation über das Internet
(Internettelefonie) anstelle von herkömmlichen Telefonleitungen zu führen.

VoIP ist die Abkürzung für "Voice over IP" und bedeutet so viel wie "Über IP
sprechen". Dabei wird das gesprochene Wort mithilfe eines Mikrofons oder

Headsets, das an den Computer angeschlossen ist, in ein analoges Signal umgewandelt.

Dank der passenden Umwandler und Programme wird dieses Signal dann konvertiert und in das jeweilige Audioformat gebracht. Die Sprache wird zudem in einzelne Pakete aufgeteilt und zum Empfänger gesendet. Je nach Programm werden bei VoIP dabei unterschiedliche Qualitäten erreicht, weshalb es sein kann, dass Sie sich bei einer Sprachnachricht anders anhören, wie Sie es eigentlich von sich kennen

VPN (Virtual Private Network)

Ein VPN erstellt einen sicheren, verschlüsselten Tunnel für Ihre Daten und verbirgt Ihre IP-Adresse, wenn Sie im Internet surfen.

Rufen Sie im Internet eine Webseite auf, verbindet sich Ihr PC, Tablet oder Handy mit den Webseiten-Servern, auf denen die entsprechende Webseite gespeichert ist. Sobald die Webseite vom Server heruntergeladen wird, erfährt der fremde Server Ihre IP-Adresse. Für Laien hört sich dies zunächst nicht weiter schlimm an. Was viele jedoch nicht wissen: Bei der IP-Adresse handelt es sich um eine eindeutige Nummer, mit welcher Ihr Wohnort und weitere private Daten ermittelt werden können. Kennt somit jeder Webseitenbetreiber Ihre private Adresse?

Wichtig:
Ist die Verbindung zum Server unverschlüsselt (ohne VPN), können Geheimdienste, Internetanbieter oder Hacker alle Ihre Aktivitäten im Internet verfolgen.

Sichere Internetverbindung (mit VPN)
Nutzen Sie im Internet einen VPN, besteht keine direkte Verbindung mehr zum Server der Webseite. Ihr Notebook, PC, Tablet oder Handy verbindet sich zunächst mit einem VPN-Server. Dieser leitet wiederum alle Daten an den Webseiten-Server weiter. Der Webseitenbetreiber sieht somit ausschließlich die IP-Adresse des VPN-Servers. Die Identität von VPN-Nutzern bleibt für Dritte verborgen.

Domain und URL (Uniform Resource Locator)

Eine Domain ist eine einzigartige Adresse im Internet, wie z.B. *weather.com*. Eine URL ist die spezifische Adresse einer Ressource im Internet, wie z.B. *https://www.weather.com*

Der Begriff Domain bezeichnet die eindeutige Adresse für eine Website. Sie besteht in der Regel aus dem Namen der Website und der Domainendung. Eine einprägsame Domain stärkt Ihr Branding und hilft Ihrem Publikum, Ihre Website zu finden.

Ein Domainname und ein Universal Resource Locator (URL) haben zwar einige Ähnlichkeiten, sind aber dennoch unterschiedlich. Während eine URL als vollständige Webadresse fungiert, die Besucher zu einer bestimmten Seite auf einer Website leiten kann, ist ein Domainname nur ein Teil davon.

Außerdem besteht eine URL aus einem Protokoll, einer Domain und einem Pfad. Das Protokoll zeigt an, ob eine Website über ein SSL-Zertifikat verfügt. Beachten Sie, dass URLs nur dann einen Pfad haben, wenn sie Besucher zu einer bestimmten Seite einer Website leiten.

Außerdem gibt es den vollständig qualifizierten Domain-Namen (FQDN). Damit ist die vollständige Version eines Domain-Namens gemeint, die auch den Hostnamen enthält.

HTTP (Hypertext Transfer Protocol)

Das Protokoll, das für die Übertragung von Webseiten im Internet verwendet wird. Ganz vorne in der Adresse einer Website steht „http://" (oder „https://"). Dies bezeichnet das HTTP-Protokoll, das Ihr Webbrowser verwendet, um eine Webseite aufzurufen.

Es wurde von *Tim Berners-Lee* am *CERN* (Schweiz) zusammen mit den anderen Konzepten entwickelt, die die Grundlagen fürs World Wide Web bilden: HTML und URI (Universal Resource Identifier). Während HTML (Hypertext Markup Language) definiert, wie eine Webseite aufgebaut wird, legt die URL (Uniform Resource Locator) – eine Unterform des URI – fest, wie die Resource (z. B. eine Webseite) im Web adressiert werden muss. HTTP hingegen regelt, wie diese Seite vom Server zum Client übertragen wird.

Wenn Sie in Ihrem Webbrowser eine Internetadresse eingeben und kurz darauf eine Webseite angezeigt bekommen, hat Ihr Browser über HTTP mit dem Webserver kommuniziert. Bildlich ausgedrückt ist HTTP die Sprache, in der Ihr Webbrowser mit dem Webserver spricht, um ihm mitzuteilen, was verlangt wird.

Die Funktionsweise von HTTP lässt sich am einfachsten anhand des Aufrufs einer Webseite erläutern:

1. Der Nutzer tippt in die Adresszeile seines Internet-Browsers *http://example.com/* ein.
2. Der Browser sendet eine entsprechende Anfrage, den HTTP-Request, an den zuständigen Webserver, der die Domäne *example.com* verwaltet. Normalerweise lautet der Request (Anfrage): „Sende mir bitte die Datei zu". Alternativ kann der Client auch bloß fragen: „Hast du diese Datei?".
3. Der Webserver empfängt den HTTP-Request, sucht die gewünschte Datei (im Beispiel: die Startseite von *example.com*, also die Datei *index.html*) und sendet als Erstes den **Header** (deutsch: Kopf, ist der sichtbare Bereich im obersten Teil einer Webseite), der dem anfragenden Client durch einen Status-Code das Resultat seiner Suche mitteilt. Wenn die Datei gefunden wurde und der Client sie tatsächlich zugesendet haben will (und nicht nur wissen wollte, ob sie existiert), sendet der Server nach dem Header den **Message Body**, also den eigentlichen Inhalt. In unserem Beispiel ist dies die Datei *index.html*.
4. Der Browser empfängt die Datei und stellt sie als Webseite dar.

FTP (File Transfer Protocol)

Ein Standardverfahren zum Herunterladen und Hochladen von Dateien im Internet. Die Abkürzung FTP steht für File Transfer Protocol (aus dem Englischen für „Dateiübertragungsprotokoll") und bezeichnet ein Netzwerkprotokoll zur Dateiübertragung über ein IP-Netzwerk. Ein FTP findet Verwendung, um Dateien vom Client zum Server hochzuladen bzw. Dateien vom Server zum Client herunterzuladen. Auch können FTPs Dateien zwischen zwei Servern übertragen, dies wird dabei vom Client gesteuert.

Diese Begriffe und Konzepte bilden eine solide Grundlage für das Verständnis des Internets und seiner Funktionsweise, die für die weiteren Buchkapitel über die Grundlagen des Internets sehr nützlich sein können.

Das Internet, ein komplexes Netzwerk aus Millionen von Computern weltweit, basiert auf einer einfachen Idee: dem Austausch von Informationen. Die Kernfunktion des Internets beruht auf einem Protokoll namens TCP/IP, das sicherstellt, dass Daten von einem Punkt zum anderen über verschiedene Netzwerke hinweg gesendet werden können. Diese Daten werden in kleine Pakete aufgeteilt, über verschiedene Routen gesendet und am Zielort wieder zusammengesetzt. Das Internet stützt sich auf eine Infrastruktur aus Servern, Routern, Datenleitungen und Datenzentren, die zusammen ein riesiges Netzwerk bilden.

Der Nutzen des Internets ist vielfältig und tiefgreifend. Es ermöglicht globale Kommunikation in Echtzeit, Zugang zu einem unermesslichen Reservoir an Informationen und Wissen, Unterstützung im Bildungsbereich, Innovationen im Gesundheitswesen und Wirtschaftswachstum durch E-Commerce. Es hat die Art und Weise, wie wir arbeiten, lernen, einkaufen und interagieren, grundlegend verändert.

Blickt man in die Zukunft, steht das Internet am Beginn einer neuen Ära der Innovation. Wir sehen Entwicklungen wie das Internet der Dinge (IoT), bei dem alltägliche Gegenstände internetfähig werden und so neue Möglichkeiten in der Hausautomation, in der Industrie und in der städtischen Infrastruktur eröffnen. Die Einführung von 5G-Technologien wird zu schnelleren, zuverlässigeren und effizienteren Netzwerken führen, die eine noch größere Anzahl von Geräten unterstützen.

Künstliche Intelligenz (KI) und maschinelles Lernen werden voraussichtlich eine zentrale Rolle in der Weiterentwicklung des Internets spielen, indem sie personalisierte Nutzererfahrungen bieten und komplexe Datenanalysen ermöglichen. Datenschutz und Sicherheit werden weiterhin wichtige Themen sein, da das Internet zunehmend in alle Bereiche des Lebens integriert wird.

Insgesamt steht das Internet vor einer Zukunft, die von weiterer Integration in unseren Alltag, technologischen Fortschritten und neuen Herausforderungen im Bereich der digitalen Ethik und Sicherheit geprägt sein wird. Es bleibt ein unverzichtbares Werkzeug, das unsere Art zu leben und zu arbeiten kontinuierlich verändert.

6 Wichtige Begriffe und Grundkonzepte

Hier möchte ich ihnen weitere Informationen und Erklärungen über Begriffe und
Grundkonzepte des Internetbrowsers sowie Sicherheitsaspekte geben.

Der Internetbrowser

Ein Internetbrowser ist eine Softwareanwendung, die es Benutzern ermöglicht,
auf das World Wide Web zuzugreifen und Webseiten zu betrachten. Er ist das
primäre Werkzeug, um im Internet zu navigieren und Informationen zu suchen,
zu lesen und zu interagieren. Hier sind einige Schlüsselaspekte, die die Funktion und Wichtigkeit von Internetbrowsern verdeutlichen:

Grundfunktionen eines Browsers

Webseiten Anzeigen: Ein Browser interpretiert und zeigt den Inhalt von Webseiten an, die in HTML (Hypertext Markup Language) und anderen Webtechnologien wie CSS und JavaScript geschrieben sind.

Navigation: Mithilfe der Adressleiste können Nutzer eine URL (Uniform Resource Locator) eingeben, um eine spezifische Webseite zu erreichen. Browser
bieten auch Navigationsbuttons wie 'Zurück' und 'Vorwärts', um zwischen besuchten Seiten zu wechseln.

Beispiele:
https://www.google.com
Protokoll: https
Domain-Name: *google.com*

https://wikipedia.org
Protokoll: https
Domain-Name: *wikipedia.org*

https://www.amazon.com
Protokoll: https
Domain-Name: *amazon.com*

https://www.youtube.com
Protokoll: https
Domain-Name: *youtube.com*

Diese Beispiele zeigen, wie URLs strukturiert sind und wie sie genutzt werden, um auf verschiedene Arten von Online-Ressourcen zuzugreifen.

Suchfunktion: Die meisten Browser haben eine integrierte Suchfunktion, die das Auffinden von Informationen im Internet erleichtert.

Beliebte Browser

Google Chrome: Bekannt für seine Schnelligkeit und Effizienz sowie für seine breite Palette an Erweiterungen.

Mozilla Firefox: Ein Open-Source-Browser, der für seine Anpassbarkeit und starken Datenschutzfunktionen geschätzt wird.

Microsoft Edge: Der Nachfolger des *Internet Explorers*, integriert in *Windows*, mit verbesserten Funktionen und höherer Leistung.

Safari: *Apples* Webbrowser, optimiert für das Ökosystem von *Apple*-Geräten. Das *Apple* Ökosystem setzt sich aus verschiedenen Hard- und Softwareprodukten zusammen, die möglichst optimiert miteinander arbeiten können.

Opera: Bietet einzigartige Funktionen wie einen integrierten VPN-Dienst.

Technologien hinter Browsern

HTML: Die Standardsprache für das Erstellen von Webseiten. Browser interpretieren HTML-Code, um Texte, Bilder und andere Inhalte anzuzeigen.

JavaScript: Eine Programmiersprache, die in Browsern verwendet wird, um interaktive Elemente auf Webseiten zu ermöglichen.

Cookies: Kleine Dateien, die von Webseiten auf dem Computer des Nutzers gespeichert werden, um Informationen wie Benutzereinstellungen oder Anmeldestatus zu speichern. Da Sie bei jedem Aufruf einer neuen Website nicht umher kommen, Cookies abzulehnen oder zu akzeptieren, soll im Folgenden etwas näher auf diese eingegangen werden

Cookies

Cookies sind kleine Datenelemente, die von Webseiten verwendet werden, um Informationen über die Interaktionen und Präferenzen der Besucher zu speichern. Sie werden auf dem Gerät des Nutzers (Computer, Smartphone, Tablet) gespeichert, wenn dieser eine Webseite besucht. Cookies erfüllen verschiedene Funktionen und sind ein wesentlicher Bestandteil der Funktionsweise moderner Websites.

Speicherung von Benutzereinstellungen: Cookies speichern persönliche Präferenzen und Einstellungen der Nutzer (wie Spracheinstellungen, Layout-Einstellungen), sodass diese bei erneuten Besuchen der Webseite nicht wiederholt eingegeben werden müssen.

Verbesserung der Benutzererfahrung: Cookies tragen dazu bei, das Surferlebnis angenehmer und effizienter zu gestalten, indem sie zum Beispiel Login-Informationen speichern, sodass sich Nutzer nicht bei jedem Besuch einer Webseite neu anmelden müssen.

Tracking und Analyse: Viele Websites verwenden Cookies, um das Verhalten der Nutzer zu verfolgen und zu analysieren. Diese Informationen werden oft genutzt, um die Website zu verbessern und relevantere Inhalte oder Werbung anzubieten.

Authentifizierung: Cookies helfen Webseiten zu erkennen, ob ein Nutzer eingeloggt ist, und ermöglichen so den Zugriff auf persönliche Bereiche einer Webseite ohne erneute Anmeldung.

Worauf muss bei Cookies geachtet werden?

Datenschutz: Da Cookies persönliche Informationen speichern können, ist Datenschutz ein wichtiges Thema. Nutzer sollten sich der Art der gespeicherten Informationen bewusst sein und die Datenschutzrichtlinien der besuchten Webseiten überprüfen.

Sicherheit: Einige Cookies können Sicherheitsrisiken bergen, insbesondere wenn sie sensible Informationen wie Login-Daten speichern. Es ist wichtig, auf sichere Verbindungen (HTTPS) zu achten und regelmäßig Cookies zu löschen.

Zustimmung: In vielen Regionen, einschließlich der Europäischen Union, ist es gesetzlich vorgeschrieben, dass Webseiten die Zustimmung der Nutzer einholen, bevor sie Cookies setzen (siehe *EU-Datenschutz-Grundverordnung, DSGVO*).

Verwaltung von Cookies: Moderne Browser bieten die Möglichkeit, Cookies zu verwalten, zu löschen oder zu blockieren. Sie als Nutzer sollten sich mit diesen Funktionen vertraut machen, um ihre Privatsphäre und Sicherheit zu schützen.

Datenschutz und Sicherheit

Privatsphäre-Einstellungen: Moderne Browser bieten Einstellungen zur Steuerung von Cookies und zum Schutz der Privatsphäre.

Sicherheitsfeatures: Sicherheitsfunktionen wie Warnungen vor unsicheren Webseiten, automatische Updates und Sandboxing tragen zur Sicherheit beim Surfen bei.

Sandboxing ist eine Cybersicherheitspraxis, bei der zum Beispiel Programmierer in einer sicheren, isolierten Umgebung in einem Netzwerk, das die Betriebsumgebungen von Endbenutzern nachahmt, Code ausführen, beobachten, analysieren und programmieren können.

Erweiterungen und Add-ons

Browser bieten die Möglichkeit, Erweiterungen oder Add-ons zu installieren, die zusätzliche Funktionen bieten, wie Ad-Blocker, Passwortmanager oder Wetter-Widgets.

Browser sind die Torwächter des World Wide Web und ermöglichen es Nutzern, die immense Vielfalt an Informationen und Diensten im Internet zu nutzen. Ihre kontinuierliche Entwicklung und Anpassung an neue Technologien und Bedürfnisse der Nutzer machen sie zu einem unverzichtbaren Bestandteil des täglichen digitalen Lebens.

Webbrowser sind das Tor zum Internet, ein wesentliches Werkzeug in unserem digitalen Alltag. Sie ermöglichen es uns, auf eine nahezu unendliche Menge an Informationen zuzugreifen, Kommunikationsdienste zu nutzen, Unterhaltung zu genießen und Online-Transaktionen durchzuführen. Aktuelle führende Browser wie *Google Chrome, Mozilla Firefox, Microsoft Edge* und *Safari* bieten dabei mehr als nur den Zugriff auf Webseiten. Sie integrieren fortschrittliche Funktionen wie Synchronisierung über Geräte, erweiterte Sicherheitsmaßnahmen und eine Vielzahl von Erweiterungen und Add-ons, die den Nutzern ein maßgeschneidertes Surferlebnis bieten.

In puncto Sicherheit und Datenschutz haben moderne Browser große Fortschritte gemacht. Sie bieten Funktionen wie automatisierte Updates, Tracking-Schutz, Warnungen vor gefährlichen Webseiten und integrierte VPN-Dienste. Diese Entwicklungen sind entscheidend, um Benutzer in einer Welt zunehmender Cyber-Bedrohungen zu schützen.

Ein Blick in die Zukunft der Browser zeigt, dass sie wahrscheinlich noch enger mit Cloud-Diensten und Künstlicher Intelligenz (KI) verknüpft werden. Wir können erwarten, dass Browser intelligenter werden, indem sie unsere Gewohnheiten lernen und personalisierte Inhalte sowie Empfehlungen bieten. Die Integration von Sprachassistenten und erweiterten Realitätsfunktionen könnte ebenfalls zunehmen, wodurch das Surferlebnis noch intuitiver und interaktiver wird.

Darüber hinaus wird die Entwicklung im Bereich des Datenschutzes und der Nutzersicherheit weiterhin ein zentrales Thema sein. Browser werden voraussichtlich fortschrittlichere Methoden zur Wahrung der Privatsphäre und zur Verschlüsselung persönlicher Daten einführen.

Insgesamt stehen wir vor einer spannenden Zukunft, in der Webbrowser nicht nur ein Werkzeug zur Informationsbeschaffung, sondern ein zentraler Bestandteil unserer Interaktion mit der digitalen Welt sein werden.

7 E-Mail

E-Mail, eine Abkürzung für "Electronic Mail", ist eine der grundlegendsten und weitverbreitetsten Methoden der digitalen Kommunikation. Es handelt sich um den Austausch von Nachrichten über elektronische Kommunikationsnetzwerke, hauptsächlich das Internet. Hier sind einige wichtige Aspekte der E-Mail:

Grundkonzept der E-Mail

Funktionsweise: E-Mails werden von einem Sender über ein E-Mail-Programm (Client) erstellt und über das Internet an den E-Mail-Server des Empfängers gesendet. Der Empfänger kann die Nachricht dann über seinen eigenen E-Mail-Client abrufen und lesen.

E-Mail-Adressen: Eine E-Mail-Adresse ist eindeutig und besteht aus einem lokalen Teil, einem "@"-Symbol und einem Domain-Teil. Zum Beispiel: **[nutzername]@[domain].com**

Beispiel: max.mustermann@domain.de
maxmustermann@domain.com
frau.mustermann@domain.net

E-Mail-Dienste und -Clients

Webbasierte E-Mail-Dienste: Dienste wie *Gmail, Yahoo Mail* und *Outlook.com* ermöglichen das Senden und Empfangen von E-Mails über einen Webbrowser.

Desktop-E-Mail-Clients: Programme wie *Microsoft Outlook, Mozilla Thunderbird* und *Apple Mail*, die auf dem Computer des Benutzers installiert sind und zusätzliche Funktionen wie die Verwaltung mehrerer E-Mail-Konten bieten.

E-Mail-Protokolle

SMTP (Simple Mail Transfer Protocol): Wird zum Senden von E-Mails von einem Client zum Server oder zwischen Servern verwendet.

POP3 (Post Office Protocol 3): Ermöglicht es E-Mail-Clients, E-Mails vom Server herunterzuladen und lokal zu speichern.

IMAP (Internet Message Access Protocol): Ermöglicht es E-Mail-Clients, E-Mails direkt auf dem Server zu lesen und zu verwalten, wodurch die Synchronisierung über mehrere Geräte hinweg erleichtert wird.

Funktionen und Verwendung

Anhänge: E-Mails können neben Text auch Anhänge wie Dokumente, Bilder oder andere Dateien enthalten.

CC und BCC: Mit "Carbon Copy" (CC) und "Blind Carbon Copy" (BCC) können Kopien der E-Mail an zusätzliche Empfänger gesendet werden.

Signaturen und Automatische Antworten: Benutzer können automatische Signaturen und Abwesenheitsnachrichten einrichten.

CC (Carbon Copy) und BCC (Blind Carbon Copy): Empfänger, die im BCC stehen, erhalten genauso wie im CC eine Kopie der E-Mail. Der große Unterschied dabei ist, dass Personen im BCC unsichtbar für andere Empfänger sind. Sie können also so eine E-Mail an mehrere Personen senden, ohne dass sie sich sehen.

Sicherheit und Datenschutz

Spam-Filter: Moderne E-Mail-Dienste verfügen über ausgeklügelte Mechanismen, um unerwünschte E-Mails (Spam) zu filtern. Als Spam, Spamming oder Junk-Mail (Müllpost) bezeichnet man im Internet den Massenversand nichtangeforderter Werbe-E-Mails, Werbebeiträge in Newsgroups, die nichts mit dem Thema der Gruppe zu tun haben, sowie Kettenbriefe).

Phishing-Schutz: Warnungen vor verdächtigen E-Mails, die versuchen, persönliche Daten zu stehlen. Unter dem Begriff Phishing (Neologismus von „fishing", engl. für „Angeln") versteht man Versuche, sich über gefälschte Webseiten, E-Mails oder Kurznachrichten als vertrauenswürdiger Kommunikationspartner in einer elektronischen Kommunikation auszugeben.

Verschlüsselung: Methoden wie SSL/TLS verschlüsseln die E-Mail-Übertragung, um die Sicherheit zu erhöhen. SSL ist der Vorgänger der heute verwendeten modernen TLS-Verschlüsselung.

SSL (Secure Socket Layer) ist die Standardtechnologie für die Absicherung von Internetverbindungen durch die Verschlüsselung der Daten, die zwischen einer Website und einem Browser (oder zwischen zwei Servern) übertragen werden.

TLS (Transport Layer Security, Transportschichtsicherheit) ist ein weit verbreitetes Sicherheitsprotokoll, das Datenschutz und Datensicherheit für die Kommunikation über das Internet erleichtert. Ein primärer Anwendungsfall von TLS ist die Verschlüsselung der Kommunikation zwischen Webanwendungen und Servern, z. B. Webbrowsern, die eine Website laden. TLS kann auch zum Verschlüsseln anderer Kommunikationen wie E-Mail, Messaging und Voice over IP (VOIP) verwendet werden.

Die E-Mail hat sich seit ihrer Einführung in den frühen Tagen des Internets stark weiterentwickelt und ist ein unverzichtbares Kommunikationsmittel im beruflichen und privaten Umfeld geworden. Sie ermöglicht schnelle, effiziente und dokumentierbare Kommunikation über geografische Grenzen hinweg.

In der Welt der digitalen Kommunikation stehen wir am Vorabend einer bemerkenswerten Transformation. Die Art und Weise, wie wir kommunizieren und E-Mails nutzen, hat sich bereits erheblich verändert, und die Zukunft verspricht noch tiefgreifendere Entwicklungen.

Eines der Hauptthemen in der Diskussion über die Zukunft der Kommunikation ist die Integration von Künstlicher Intelligenz (KI). KI-Technologien werden voraussichtlich eine zentrale Rolle in der automatisierten und personalisierten Kommunikation übernehmen. Bereits heute sehen wir intelligente E-Mail-Filter und automatisierte Antworten, doch die Zukunft könnte adaptive KI-Systeme mitbringen, die in der Lage sind, den Kontext und die Nuancen menschlicher Sprache zu verstehen und darauf zu reagieren. Diese Systeme könnten komplexe Anfragen bearbeiten, Termine koordinieren und sogar in natürlicher Sprache verfasste Antworten generieren.

Eine weitere bedeutsame Entwicklung ist die fortschreitende Verschmelzung von E-Mail mit anderen Kommunikationsformen. Plattformen wie *Slack* und *Microsoft Teams* haben bereits begonnen, die traditionelle E-Mail-Kommunikation durch integrierte, chatbasierte Systeme zu ergänzen oder gar zu ersetzen. Diese Integration führt zu einer nahtloseren und effizienteren Kommunikation, bei der Informationen schnell und in Echtzeit ausgetauscht werden können.

Slack ist ein webbasierter Instant-Messaging-Dienst des US-amerikanischen Unternehmens *Slack Technologies* zur Kommunikation innerhalb von Arbeitsgruppen (Groupware). Mit *Slack* können Nachrichten ausgetauscht werden, und das Chatten mit Einzelpersonen oder in einer Gruppe wird ermöglicht. Direkt innerhalb von *Slack* ist eine gemeinsame Dokumentenbearbeitung nicht möglich.
Microsoft Teams (abgekürzt „*Teams*" oder „*MS Teams*") ist eine von *Microsoft* entwickelte Plattform, die Chat, Teams, Besprechungen, Notizen und Anhänge kombiniert. Der Dienst ist in die *Microsoft 365-Suite* mit *Microsoft Office* und *Skype/Skype for Business* integriert.

Die Zukunft könnte auch eine stärkere Betonung auf Sicherheit und Datenschutz in der E-Mail-Kommunikation mit sich bringen. Mit zunehmendem Bewusstsein für Datenschutz und der Gefahr von Datenlecks könnten Ende-zu-Ende-Verschlüsselung und andere Sicherheitsmaßnahmen Standard in allen Kommunikationsplattformen werden. Diese Entwicklungen wären entscheidend, um Vertraulichkeit und Sicherheit in der digitalen Kommunikation zu gewährleisten.

Ein spannender Bereich ist auch die Entwicklung von Augmented und Virtual-Reality (AR/VR) in der Kommunikation. Diese Technologien könnten die Art und Weise, wie wir interagieren, revolutionieren, indem sie immersive, dreidimensionale Kommunikationsumgebungen schaffen. Stellen Sie sich vor, anstatt eine einfache E-Mail zu senden, könnten Sie in einen virtuellen Raum eintreten und ein "Gespräch" mit einem lebensgroßen 3D-Hologramm eines Kollegen oder Freundes führen.

Abschließend lässt sich sagen, dass die Zukunft der Kommunikation und der E-Mail von spannenden technologischen Fortschritten geprägt sein wird. Diese Entwicklungen versprechen, unsere Art zu kommunizieren effizienter, sicherer und interaktiver zu gestalten. Es bleibt spannend zu beobachten, wie sich diese Technologien weiterentwickeln und in unseren Alltag integrieren werden.

8 Anwendungen (Apps)

Der Begriff "Anwendungen", oft als "Apps" abgekürzt, bezieht sich auf Software-
programme, die spezifische Funktionen oder Dienste ausführen. Ursprünglich
wurden sie hauptsächlich mit Desktop-Computern in Verbindung gebracht, aber
heute sind sie vor allem als mobile Apps für Smartphones und Tablets bekannt.
Hier ist eine detaillierte Erklärung:

Arten von Anwendungen

Desktop-Anwendungen: Software, die auf PCs oder Laptops installiert wird,
wie *Microsoft Office, Adobe Photoshop* oder Spiele.

Webanwendungen: Programme, die im Webbrowser laufen und keinen Download erfordern, wie *Google Docs* oder Online-Banking-Portale.

Mobile Apps: Anwendungen speziell für Mobilgeräte, verfügbar über App-
Stores wie *Google Play Store* oder *Apple App Store*. Beispiele sind *WhatsApp,
Instagram* und mobile Spiele.

Entwicklung und Verbreitung

Entwicklung: Apps werden von Softwareentwicklern unter Verwendung verschiedener Programmiersprachen und Frameworks erstellt. Bei einem Frame-
work handelt es sich nicht um eine eigenständige Software, sondern um einen
Rahmen (Frame), der dem Programmierer die Entwicklung der Programme
bzw. der Software erleichtern soll). Für mobile Apps sind dies häufig *Java (Android)* oder *Swift (iOS)*.

Verbreitung: Apps werden über Online-Plattformen wie *App-Stores* oder Un-
ternehmenswebsites vertrieben. Manche Apps sind kostenlos, andere kostenpflichtig oder bieten In-App-Käufe.

In-App-Käufe sind Käufe, die Nutzer in einer App tätigen. Eine App ist ein Programm für Ihr Handy oder Ihr Tablet. Sie laden sich eine App aus dem Internet
herunter. Mit einer App bekommt Ihr Gerät neue Funktionen. Sie können sich
zum Beispiel ein Spiel als App herunterladen.

Oft sind Apps kostenlos. Sie müssen dann aber in der App für weitere Funktionen bezahlen. Das sind die In-App-Käufe. Sie haben zum Beispiel eine Spiele-
App kostenlos heruntergeladen. In Ihrem Spiel haben Sie 5 Versuche eine Aufgabe zu schaffen. Nach den 5 Versuchen müssen Sie eine Stunde warten bis
Sie weitere 5 Versuche bekommen. Durch In-App-Käufe können Sie sich aber
weitere Versuche kaufen, ohne warten zu müssen.

Funktionsweise von Apps (Applikationen)

Benutzeroberfläche (UI): Die UI ist das, was der Benutzer sieht und mit dem er interagiert. Sie sollte intuitiv und benutzerfreundlich sein.

Backend-Logik: Das ist der Teil der App, der im Hintergrund läuft und die Hauptfunktionalitäten steuert.

Datenverarbeitung: Viele Apps verarbeiten und speichern Daten, entweder auf dem Gerät des Benutzers oder auf einem Server.

Anwendungsbereiche

Kommunikation: Apps wie E-Mail-Clients, Messaging-Apps und soziale Netzwerke.

Produktivität: Kalender, To-Do-Listen, *Office*-Anwendungen.

Unterhaltung: Streaming-Dienste, Spiele, Lese-Apps.

Information: Nachrichten-Apps, Wetter-Apps, Lern- und Bildungsanwendungen.

Sicherheit und Datenschutz

Berechtigungen: Mobile Apps fragen oft nach Berechtigungen, um auf Kamera, Mikrofon, Standort oder Kontakte zuzugreifen. Es ist wichtig, diese Berechtigungen zu überprüfen und nur zu gewähren, wenn sie für die Funktionalität der App notwendig sind.

Datenschutz: Viele Apps sammeln Benutzerdaten. Es ist wichtig, die Datenschutzrichtlinien zu lesen und zu verstehen, wie die Daten verwendet werden.

Aktualisierungen und Support

Updates: Entwickler veröffentlichen regelmäßig Updates für ihre Apps, um neue Funktionen hinzuzufügen, Sicherheitslücken zu schließen oder Fehler zu beheben.

Support: Bei Problemen bieten viele App-Entwickler Support über ihre Websites oder direkt in der App.

Apps haben die Art und Weise, wie Menschen mit Technologie interagieren, revolutioniert und bieten eine enorme Vielfalt an Funktionen und Diensten, die den Alltag in vielen Bereichen bereichern und erleichtern.

Die Art und Weise, wie Apps in der Zukunft mit Menschen interagieren und unseren Alltag bereichern werden, ist ein faszinierendes und dynamisches Feld. Die technologischen Fortschritte der letzten Jahre legen den Grundstein für eine

Ära, in der die Grenzen zwischen Mensch und Maschine immer weiter verschwimmen.

Ein zentraler Aspekt dieser Entwicklung ist die Integration von Künstlicher Intelligenz (KI) in alltägliche Applikationen. KI-basierte Technologien werden zunehmend in der Lage sein, menschliches Verhalten und Präferenzen zu lernen und vorherzusagen. Dies führt zu personalisierten Nutzererfahrungen, die sich nahtlos in den individuellen Lebensstil einfügen. Beispielsweise könnten Smart-Home-Applikationen lernen, das Heimklima automatisch an die Präferenzen der Bewohner anzupassen oder Einkaufslisten basierend auf Essgewohnheiten zu generieren.

Ein weiterer Trend ist die zunehmende Verwendung von Augmented Reality (AR) und Virtual Reality (VR). Diese Technologien werden es Apps (Applikationen) ermöglichen, eine immersivere und interaktive Erfahrung zu bieten. Stellen Sie sich vor, Sie könnten durch eine AR-App virtuell Möbel in Ihrem Wohnzimmer platzieren, bevor Sie diese kaufen, oder durch eine VR-App an entfernten Orten spazieren gehen, ohne Ihr Haus zu verlassen.

Die Vernetzung von Apps (Applikationen) durch das Internet der Dinge (IoT) wird ebenso eine entscheidende Rolle spielen. Alltägliche Gegenstände und Geräte werden miteinander kommunizieren und interagieren können, um den Komfort und die Effizienz im Alltag zu erhöhen. Ihr Kühlschrank könnte beispielsweise feststellen, dass die Milch zur Neige geht, und automatisch eine Bestellung beim Online-Supermarkt aufgeben.

Ein wichtiger Aspekt in der Zukunft der Apps-Interaktion (Applikationsinteraktion) wird auch die Sicherheit und der Datenschutz sein. Mit dem zunehmenden Datenaustausch werden fortschrittlichere Sicherheitsprotokolle und Datenschutzmaßnahmen erforderlich sein, um die Privatsphäre der Nutzer zu schützen.

Abschließend lässt sich sagen, dass die Zukunft der Apps-Interaktion (Applikationsinteraktion) eine Welt voller Möglichkeiten eröffnet, in der unsere Alltagsgegenstände und -aktivitäten durch fortschrittliche Technologie unterstützt und verbessert werden. Diese Entwicklungen versprechen, unser Leben bequemer, effizienter und unterhaltsamer zu gestalten. Es bleibt spannend zu beobachten, wie sich diese Technologien weiterentwickeln und in unseren Alltag integrieren werden.

9 Soziale Medien I

Soziale Medien sind digitale Plattformen, die es Nutzern ermöglichen, Inhalte zu erstellen, zu teilen, zu kommunizieren und sich zu vernetzen. Sie haben die Art und Weise, wie wir interagieren, Informationen teilen und unsere sozialen Beziehungen pflegen, grundlegend verändert. Hier sind einige Schlüsselaspekte sozialer Medien:

Hauptmerkmale sozialer Medien

Benutzerprofile: Nutzer erstellen individuelle Profile, in denen sie persönliche Informationen, Interessen und Fotos teilen können.

Vernetzung: Nutzer können anderen Nutzern folgen, Freundschaftsanfragen senden und soziale Netzwerke aufbauen.

Inhalte teilen: Das Posten von Texten, Bildern, Videos und Links ist eine zentrale Funktion. Diese Inhalte können von anderen kommentiert, geliked und geteilt werden. Mit dem Drücken des Gefällt mir-Buttons (Like Button) wird ein Beitrag oder ein Bild geliked.

Interaktion und Engagement: Soziale Medien ermöglichen es Nutzern, in Echtzeit zu kommunizieren, an Diskussionen teilzunehmen und Feedback zu geben.

Beliebte Soziale Medien Plattformen

Facebook: Ein breit angelegtes Netzwerk, das es ermöglicht, Freundschaften zu pflegen, Gruppen zu erstellen und an Events teilzunehmen.

Twitter/X: Bekannt für seine kurzen Nachrichten *("Tweets")*, wird häufig für schnelle Updates, Nachrichten und öffentliche Diskussionen genutzt.

Instagram: Eine plattformübergreifende Anwendung, die sich auf das Teilen von Fotos und Videos konzentriert.

LinkedIn: Ein berufsorientiertes Netzwerk, das für berufliche Vernetzung, Karriereentwicklung und Arbeitsplatzsuche genutzt wird.

TikTok: Eine Plattform für kurze Videoclips, die besonders bei jüngeren Nutzern beliebt ist.

Nutzung und Einfluss

Persönliche Nutzung: Soziale Medien dienen der Pflege sozialer Kontakte, dem Teilen von Lebensereignissen und Interessen.

Berufliche Nutzung: Unternehmen nutzen soziale Medien für Marketing, Markenbildung und Kundenservice.

Politische und gesellschaftliche Relevanz: Sie haben eine bedeutende Rolle in politischen Bewegungen, bei der Verbreitung von Nachrichten und als Plattform für sozialen Aktivismus.

Datenschutz und Sicherheit

Privatsphäre-Einstellungen: Nutzer sollten ihre Einstellungen regelmäßig überprüfen, um zu kontrollieren, wer ihre Inhalte sehen und mit ihnen interagieren kann.

Risiken: Die Gefahren umfassen Datenschutzverletzungen, Identitätsdiebstahl, Cybermobbing und die Verbreitung von Desinformation.

Unter Cybermobbing versteht man die Beleidigung, Bedrohung, Bloßstellung oder Belästigung von Personen mithilfe von Kommunikationsmedien, beispielsweise über Smartphones, E-Mails, Websites, Foren, Chats und Communities. Identitätsdiebstahl (auch Identitätsbetrug, Identitätsmissbrauch) wird die missbräuchliche Nutzung personenbezogener Daten (der Identität) einer natürlichen Person durch Dritte bezeichnet.

Verantwortungsvolle Nutzung

Digitale Etikette: Respektvoller Umgang, Vermeidung von Hassrede und das Teilen verifizierter Informationen sind wichtige Aspekte.

Medienkompetenz: Die Fähigkeit, Informationen kritisch zu bewerten und Quellen zu überprüfen, ist essenziell.

Soziale Medien sind zu einem festen Bestandteil des modernen Lebens geworden, mit der Macht, die Art und Weise, wie wir kommunizieren und uns informieren, zu beeinflussen. Sie bieten große Chancen für Vernetzung und Austausch, erfordern aber auch ein bewusstes und verantwortungsvolles Handeln der Nutzer.

10 Beispiele für Nutzungsmöglichkeiten

An dieser Stelle möchte ich ihnen Beispiele in die gängigsten Nutzungsmöglich-keiten aufzeigen.

Kommunikation

Das Internet bietet vielfältige Kommunikationsmöglichkeiten, darunter E-Mail, Online-Chat-Apps wie *WhatsApp, Viber, Skype, Threema* und *WeChat*, die so-wohl Audio- als auch Video-Kommunikation ermöglichen. Mit dem Aufkommen von Smartphones sind diese Apps und E-Mail-Dienste noch zugänglicher ge-worden.

Dateiübertragung und Datenaustausch

Ursprünglich wurde das Internet häufig für die Dateiübertragung mittels FTP (File Transfer Protocol) genutzt. Heute gibt es zahlreiche weitere Methoden für das Teilen und Übertragen von Dateien, wie Cloud-Dienste und Peer-to-Peer-Netzwerkverteilung (Torrenting) sowie Tools wie *WeTransfer, Google Drive* und *Dropbox*.

Soziale Netzwerke

Soziale Netzwerke wie *Facebook, Instagram, Twitter* und *Pinterest* haben eine wichtige Rolle in der Vernetzung von Menschen weltweit gespielt. Sie ermögli-chen es, sich auszudrücken und neue Freundschaften zu knüpfen, können aber auch negative Auswirkungen haben.

Unterhaltung

Das Internet ist eine Hauptquelle für Unterhaltung geworden, einschließlich Filme, TV-Shows, Musik, Sport, Hörbücher und Podcasts. Streaming-Plattfor-men wie *Netflix, HBO, Amazon Prime, YouTube* und *Twitch* haben die Art und Weise revolutioniert, wie wir Medien konsumieren.

Gaming

Online-Spiele, ob Multiplayer oder Einzelspielermodus, sind über Konsolen, Computer oder mobile Apps weit verbreitet und meist kostenfrei zugänglich. Der globale E-Sport-Industrie wächst jährlich um ca. 20% (Quelle: https://www.mordorin-telligence.com/de/industry-reports/esports-market).

Geschäftsförderung

Suchmaschinen, soziale Medien und Werbedienste bieten eine erschwingliche und einfache Möglichkeit, Geschäfte online zu bewerben. Internet-Marketing ermöglicht eine bessere Datenerfassung und Personalisierung und erreicht einen großen Teil der Online-Bevölkerung.

Online-Einkauf (E-Commerce)

Der Aufstieg des E-Commerce hat unsere Einkaufsgewohnheiten verändert, sodass wir nun eine Vielzahl von Produkten online kaufen können, ohne physische Geschäfte besuchen zu müssen.

Bildung

Das Internet spielt eine entscheidende Rolle im Bildungsprozess, indem es den Zugang und die Qualität des Lernens für viele Schüler verbessert. E-Learning ermöglicht es, Kurse zu besuchen und Prüfungen online zu absolvieren.

Online-Dienstleistungen

Viele Unternehmen bieten ihre Dienstleistungen online an, einschließlich Online-Banking, Telekommunikation und Regierungsdienste, wodurch der Bedarf an lokalen Besuchen reduziert wird.

Blogging

Individuelle Blogs und Foren ermöglichen es Menschen, Informationen, Überblicke, Fallstudien und ihre Meinungen zu teilen. Influencer nutzen auch soziale Netzwerke, um sich auszudrücken und wertvolle Inhalte zu teilen.

Als Influencer (von englisch to influence ‚beeinflussen') werden seit den 2000er Jahren Multiplikatoren bezeichnet, die ihre starke Präsenz und ihr Ansehen in sozialen Netzwerken nutzen, um beispielsweise Produkte oder Lebensstile zu bewerben. Marketing mit Influencern wird als Influencer-Marketing bezeichnet. Influencer können Politiker, Sportler, Journalisten, Blogger, YouTuber, Prominente, Schauspieler oder private Personen sein, die stark in sozialen Netzwerken tätig sind und viele Follower haben. Das Marketing durch den Einsatz von Influencern nutzt das Vertrauensverhältnis dieser Leitfiguren zu ihrem Massenpublikum aus.

Zusammenarbeit und Fernarbeit

Das Internet erleichtert die Zusammenarbeit durch gemeinsame Nutzung von Ideen und Fähigkeiten, unterstützt durch kollaborative Software. Es ermöglicht auch das Arbeiten von zu Hause (Home-Office, Mobile Work) oder an anderen Orten und den Zugriff auf eine globale Belegschaft.

Soziale und politische Aktivitäten

Das Internet hat auch die Art und Weise, wie wir mit unserer Familie, Freunden und Lebenspartnern interagieren, verändert. Es ermöglicht unbegrenzte Kommunikation mit einer großen Anzahl von Menschen auf einfache, zugängliche und sofortige Weise.

Die Zukunft sozialer Medien könnte stark von fortschrittlichen Technologien wie Künstlicher Intelligenz, Augmented Reality und Virtual Reality beeinflusst werden. Diese könnten für personalisierte Nutzererfahrungen und eine neue Ebene der Interaktion sorgen, wobei soziale Netzwerke mehr als nur Plattformen für Kommunikation werden, sondern zu immersiven Welten, die die Realität erweitern.

Die Rolle sozialer Medien als Werkzeuge für globale Vernetzung und Verständigung wird voraussichtlich weiter zunehmen. Sie könnten eine zentrale Rolle bei der Förderung von interkulturellem Austausch und der Bewältigung globaler Herausforderungen spielen.

Soziale Medien werden weiterhin eine wichtige Rolle in politischen Prozessen spielen, sowohl als Plattformen für politische Diskurse als auch als Werkzeuge für politische Mobilisierung und Aktivismus. Gleichzeitig steigen die Herausforderungen im Hinblick auf Falschinformation und politische Polarisierung.

Ein zunehmendes Bewusstsein für Datenschutz und digitale Ethik könnte zu strengeren Regulierungen und einer verantwortungsbewussteren Handhabung von Nutzerdaten führen. Nutzer könnten mehr Kontrolle über ihre Daten und deren Verwendung erhalten.

Der Schlüssel zum erfolgreichen Umgang mit sozialen Medien in der Zukunft liegt in der verantwortungsvollen Nutzung – sowohl von Seiten der Nutzer als auch der Plattformbetreiber. Ein bewusster Umgang mit Informationen, die Achtung der Privatsphäre und die Förderung eines positiven Online-Umfelds sind essenziell.

Bildungseinrichtungen und Organisationen könnten eine wichtige Rolle bei der Aufklärung über den Umgang mit sozialen Medien spielen. Die Vermittlung von Medienkompetenz ist entscheidend, um Nutzer darin zu unterstützen, Informationen kritisch zu bewerten und sich sicher in digitalen Räumen zu bewegen.

Trotz der Herausforderungen bieten soziale Medien enormes Potenzial für positive Veränderungen in vielen Bereichen, von Bildung und Gesundheit bis hin zu Wirtschaft und Politik. Ihr volles Potenzial kann genutzt werden, wenn Herausforderungen wie Desinformation und Datenschutzprobleme erfolgreich angegangen werden.

Zum Schluss würde ich die Notwendigkeit eines ausgewogenen Ansatzes hervorheben, der sowohl die Vorteile als auch die Herausforderungen sozialer Medien anerkennt und eine Zukunft skizziert, in der diese Plattformen auf verantwortungsvolle Weise genutzt werden, um positive gesellschaftliche Veränderungen zu fördern.

11 E-Mail-Apps

Outlook

Outlook ist ein E-Mail- und Kalenderprogramm, das von *Microsoft* entwickelt wurde und Teil des *Microsoft Office-Pakets* ist. Es bietet eine umfassende Plattform für die Verwaltung von E-Mails, Kalendern, Aufgaben, Kontakten und weiteren persönlichen oder beruflichen Organisationsanforderungen. Ursprünglich hauptsächlich als E-Mail-Client konzipiert, hat sich *Outlook* zu einer zentralen Anwendung für persönliches Informationsmanagement entwickelt.

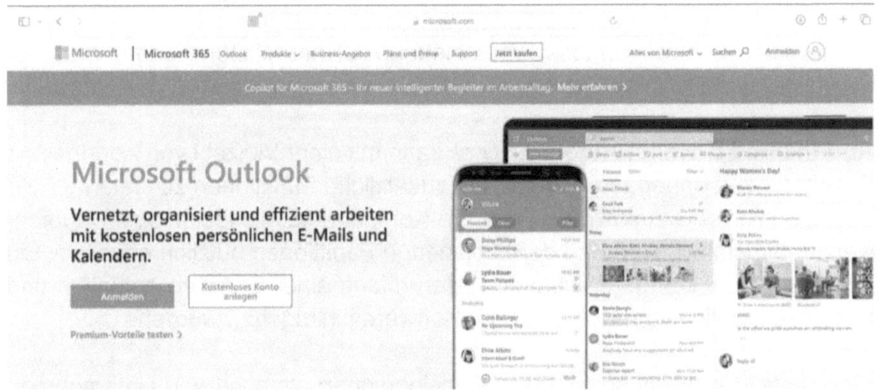

(**Quelle:**https://www.microsoft.com/de-de/microsoft-365/outlook/email-and-calendar-software-microsoft-outlook)

Einige der Hauptmerkmale von *Outlook* umfassen:

E-Mail-Management: *Outlook* ermöglicht das Senden, Empfangen und Organisieren von E-Mails. Es unterstützt mehrere E-Mail-Konten von verschiedenen Anbietern und bietet umfangreiche Funktionen zum Sortieren und Filtern von Nachrichten.

Kalenderfunktionen: *Outlook* enthält einen integrierten Kalender, der es Benutzern ermöglicht, Termine und Ereignisse zu planen, Einladungen zu versenden und Besprechungen zu organisieren. Der Kalender kann auch mit anderen *Outlook*-Benutzern geteilt werden.

Kontaktverwaltung: *Outlook* bietet die Möglichkeit, Kontakte mit detaillierten Informationen zu speichern und zu verwalten.

Aufgaben und Notizen: Benutzer können Aufgaben und Erinnerungen erstellen und Notizen für ihre persönliche oder berufliche Organisation speichern.

Integration mit Microsoft Office: *Outlook* ist nahtlos in andere *Microsoft Office-Anwendungen* wie *Word, Excel* und *PowerPoint* integriert, was das Teilen und Bearbeiten von Dokumenten erleichtert.

Zugriff von überall: Neben der Desktop-Version bietet *Microsoft* auch *Outlook* als mobile App und als Teil von *Outlook.com*, einem webbasierten E-Mail-Service. Dadurch können Benutzer von überall auf ihre E-Mails, Kalender und Kontakte zugreifen.

Sicherheit: *Outlook* umfasst verschiedene Sicherheitsfunktionen, darunter Spamfilter und Phishing-Schutz.

Add-Ins und Erweiterungen: *Outlook* kann mit einer Vielzahl von Add-Ins und Erweiterungen angepasst werden, um zusätzliche Funktionen zu bieten.
Ein Add-In ist eine zusätzliche Software-Komponente, die fest in eine Hauptanwendung installiert wird und deren bisherige Funktionen nützlich erweitert. Ein Add-In ist nicht standardmäßig im Lieferumfang einer Software enthalten und kann nachträglich vom Nutzer zu der Software hinzugefügt werden.

Outlook wird weltweit sowohl von Einzelpersonen als auch von Unternehmen genutzt und ist für seine Zuverlässigkeit, vielfältigen Funktionen und die Integration mit anderen *Microsoft*-Produkten und Diensten bekannt. Es ist eine der führenden Anwendungen für E-Mail-Kommunikation und Zeitmanagement in der Geschäftswelt.

Web.de
WEB.DE ist ein deutscher Internetdienstanbieter, der eine breite Palette von Online-Services anbietet, einschließlich eines beliebten E-Mail-Dienstes. Das Unternehmen wurde 1995 gegründet und ist seitdem zu einem der bekanntesten Internetportale in Deutschland geworden. Zu den Dienstleistungen von *WEB.DE* gehören neben dem E-Mail-Service auch Nachrichten, ein Cloud-Speicherdienst, ein Online-Organizer und verschiedene andere Online-Anwendungen.

(Quelle: https://web.de)

Das E-Mail-Programm von *WEB.DE* bietet folgende Funktionen:

Kostenlose E-Mail-Adresse: Nutzer können sich kostenlos für eine E-Mail-Adresse bei *WEB.DE* registrieren, die üblicherweise mit der Domain *@web.de* endet.

Speicherplatz: Das kostenlose E-Mail-Konto bietet einen bestimmten Umfang an Speicherplatz für E-Mails. Zusätzlicher Speicherplatz und weitere Funktionen können über kostenpflichtige Premium-Optionen hinzugebucht werden.

Webmail-Zugang: Nutzer können über einen Webbrowser auf ihr E-Mail-Konto zugreifen, was den Zugriff von überall ermöglicht.

E-Mail-Organisation: Das E-Mail-Programm bietet Funktionen zur Verwaltung und Organisation von E-Mails, einschließlich Ordnerstrukturen, Filterregeln und automatischer Sortierung.

Sicherheit: *WEB.DE* legt großen Wert auf Sicherheit und Datenschutz. Der Dienst bietet unter anderem Spamfilter und Virenschutz.

Zusätzliche Funktionen: Zu den weiteren Funktionen gehören ein integrierter Kalender, Adressbuch und die Möglichkeit, E-Mail-Konten anderer Anbieter zu integrieren.

Mobile Apps: *WEB.DE* bietet mobile Apps für *iOS* und *Android,* die den mobilen Zugriff auf E-Mails und andere Funktionen erleichtern.

Cloud-Speicher: *WEB.DE* bietet auch einen Cloud-Speicherdienst an, der es Nutzern ermöglicht, Dateien online zu speichern und zu teilen.

WEB.DE ist besonders in Deutschland beliebt und wird häufig für seine benutzerfreundliche Oberfläche und zuverlässigen Dienste geschätzt. Es ist sowohl für private als auch für geschäftliche Nutzer geeignet, die einen grundlegenden, aber effektiven E-Mail-Service suchen.

Gmail

Gmail ist ein kostenloser E-Mail-Dienst, der von *Google* entwickelt wurde. Seit seiner Einführung im Jahr 2004 hat sich *Gmail* zu einem der weltweit führenden E-Mail-Dienste entwickelt, bekannt für seine Benutzerfreundlichkeit, seinen umfangreichen Speicherplatz und seine effizienten Such- und Organisationsfunktionen.

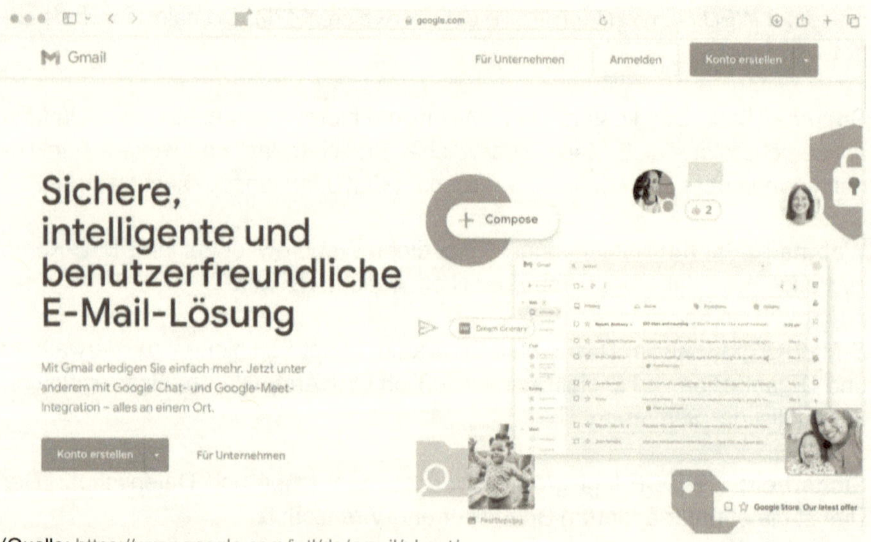

(Quelle: https://www.google.com/intl/de/gmail/about/

Einige der Hauptmerkmale von *Gmail* und dessen E-Mail-Programm umfassen:

Großer Speicherplatz: *Gmail* bietet seinen Nutzern einen großzügigen Speicherplatz für E-Mails, der kontinuierlich erweitert wird. Dies ermöglicht es den Nutzern, eine große Anzahl von E-Mails zu speichern, ohne sich um Speicherplatzmangel sorgen zu müssen.

Kraftvolle Suchfunktion: Als Produkt von *Google* verfügt *Gmail* über eine leistungsstarke Suchfunktion, die es Benutzern ermöglicht, schnell und einfach E-Mails zu finden, auch in einem großen Bestand.

Spam-Filter: *Gmail* ist bekannt für seine effektiven Spam-Filter, die unerwünschte E-Mails effizient aussortieren und den Posteingang sauber halten.

Integration mit Google-Diensten: *Gmail* ist eng in das *Google*-Ökosystem integriert, einschließlich *Google Drive, Google Kalender, Google Photos* und *Google Meet*, was eine nahtlose Nutzung aller *Google*-Dienste mit einem einzigen Account ermöglicht.

Organisationsfunktionen: *Gmail* bietet verschiedene Möglichkeiten zur Organisation von E-Mails, darunter Labels, Sterne, Filter und Tabs, die es Benutzern ermöglichen, ihren Posteingang effektiv zu verwalten.

Sicherheit: *Gmail* bietet verschiedene Sicherheitsfunktionen, darunter Zwei-Faktor-Authentifizierung und verdächtige Aktivitätsbenachrichtigungen, um die Sicherheit der Nutzerkonten zu gewährleisten. Diese sogenannte Zwei-Faktor-Authentisierung (2FA) gibt es in zahlreichen Varianten. Einige ergänzen das zuvor eingegebene Passwort um einen zusätzlichen Faktor, andere ersetzen das vorherige Login mit Passwort komplett durch eine direkte Kombination zweier Faktoren.

Mobile Apps: *Gmail* bietet mobile Apps für *iOS* und *Android,* die eine benutzerfreundliche und effiziente mobile E-Mail-Erfahrung bieten.

Benutzerfreundliche Oberfläche: Die Oberfläche von *Gmail* ist klar und übersichtlich gestaltet, was die Bedienung auch für weniger technikaffine Nutzer einfach macht.

Anpassungsmöglichkeiten: Nutzer können das Aussehen ihres *Gmail*-Posteingangs anpassen und Funktionen wie die *Snooze* (zurückstellen) -Funktion und automatische Antworten nutzen.

Gmail wird sowohl von Privatpersonen als auch von Unternehmen im Rahmen von *Google Workspace* (früher bekannt als *G Suite*) verwendet und ist für seine Zuverlässigkeit, seine fortschrittlichen Funktionen und seine Benutzerfreundlichkeit bekannt.

GMX

GMX (Global Mail Exchange) ist ein populärer E-Mail-Dienstanbieter, der ursprünglich in Deutschland gegründet wurde und mittlerweile auch international bekannt ist. *GMX* bietet kostenlose und kostenpflichtige E-Mail-Dienste, die sowohl für private als auch für berufliche Zwecke genutzt werden können.

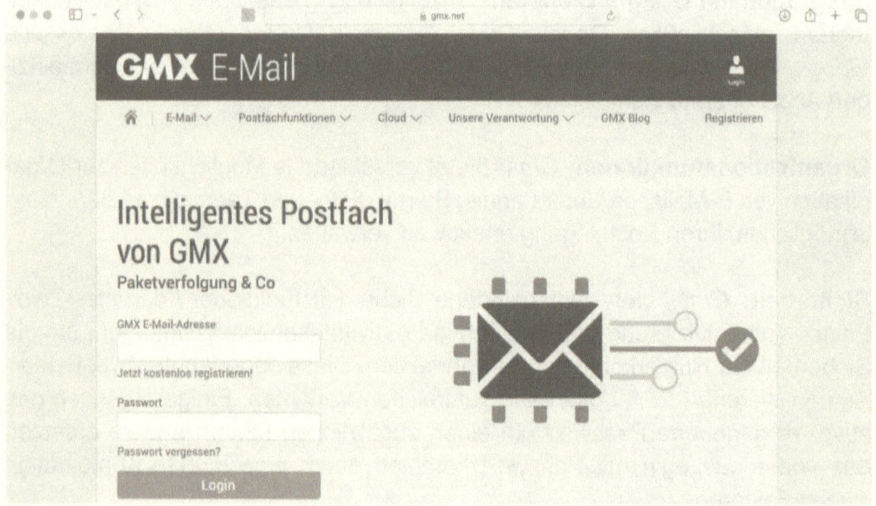

(Quelle: https://www.gmx.net)

Einige der Hauptmerkmale von *GMX* und dessen E-Mail-Programm umfassen:

Kostenlose E-Mail-Konten: *GMX* bietet Nutzern die Möglichkeit, kostenlose E-Mail-Konten zu erstellen, die mit umfangreichen Funktionen ausgestattet sind.

Speicherplatz: Kostenlose *GMX*-Konten bieten in der Regel einen angemessenen Speicherplatz für E-Mails. Es gibt auch kostenpflichtige Optionen mit erweitertem Speicherplatz.

Webmail-Zugang: *GMX* ermöglicht den Zugriff auf E-Mail-Konten über einen Webbrowser, wodurch Nutzer von überall auf ihre E-Mails zugreifen können.

Mobile Apps: *GMX* bietet mobile Apps für *iOS* und *Android*, die es ermöglichen, E-Mails unterwegs zu verwalten.

Sicherheit: *GMX* legt großen Wert auf Sicherheit und bietet Funktionen wie Spamfilter und Virenschutz. Einige Konten beinhalten auch Verschlüsselungsoptionen.

Organisationsfunktionen: *GMX* bietet verschiedene Tools zur Organisation von E-Mails, darunter Ordner, Filter und Tags.

Cloud-Speicher: Zusätzlich zum E-Mail-Dienst bietet *GMX* auch *Cloud*-Speicherlösungen an, mit denen Nutzer Dateien online speichern und teilen können.

Zusätzliche Funktionen: Viele *GMX*-Konten bieten zusätzliche Funktionen wie Kalender, Adressbuch und Aufgabenverwaltung.

POP3/IMAP-Unterstützung: *GMX* unterstützt *POP3* und *IMAP*, was bedeutet, dass Nutzer ihre E-Mail-Konten mit verschiedenen E-Mail-Clients verwenden können.
POP3 (Post Office Protocol) ist ein älteres Protokoll, das ursprünglich für die Benutzung auf nur einem Computer entwickelt wurde. Im Gegensatz zu modernen Protokollen, die eine Zwei-Weg-Synchronisation verwenden, unterstützt *POP3* nur eine Ein-Weg-Synchronisation von E-Mails und ermöglicht es Benutzern nur, E-Mails von einem Server auf einen Client herunterzuladen. Aus diesem Grund fehlen *POP3-Konten* die meisten grundlegenden Funktionen, die in moderneren Diensten zu finden sind.
IMAP (Internet Message Access Protocol). Mit *IMAP*-Konten werden Nachrichten auf einem Remoteserver gespeichert. Benutzer können sich über verschiedenen E-Mail-Clients auf Computern oder mobilen Geräten anmelden und die gleiche Nachricht lesen. Alle Änderungen im Postfach werden über mehrere Geräte hinweg synchronisiert und Nachrichten werden nur vom Server entfernt, wenn ein Benutzer die E-Mail löscht.

GMX ist für seine Benutzerfreundlichkeit, Sicherheit und Vielseitigkeit bekannt und wird von einer breiten Nutzerbasis in Deutschland und anderen Ländern für persönliche sowie berufliche Kommunikation verwendet.

12 Soziale Medien II

Social Media sind digitale Medien, Anwendungen und Technologien. Sie heißen zum Beispiel *Facebook, Instagram, Pinterest, Twitter* oder *TikTok*. Sinn und Zweck ist, dass sich viele Menschen über Raum und Zeit hinweg miteinander austauschen und vernetzen. Darum spricht man von sozialen Netzwerken. Was früher der Buchclub, die Hobbygruppe oder der Stammtisch war, wird heute oft ins Internet verlagert. Das Besondere daran ist: Jeder kann mit jedem kommunizieren. Wer ein Smartphone oder einen Computer besitzt, kann Inhalte wie Texte, Fotos oder Videos veröffentlichen.

Sie können diese Inhalte entweder nur mit einer bestimmten Gruppe, einzelnen Mitgliedern des jeweiligen Netzwerks oder mit der ganzen Öffentlichkeit teilen. Empfängerinnen beziehungsweise Empfänger der Inhalte können sowohl uns bekannte Menschen wie Freunde, Familienmitglieder und Nachbarn sein als auch völlig Fremde, die man im echten Leben noch nie gesehen hat. Für viele ältere Menschen klingt das alles sehr befremdlich. Für die jüngeren Generationen ist das aber eine gängige Form der Kommunikation. Neben vielen Vorteilen und Möglichkeiten bergen die Netzwerke aber auch Gefahren und Nachteile. Dazu aber später mehr.

So funktioniert Social Media

Schauen wir uns ein Beispiel an: Annette veröffentlicht ihre Urlaubsfotos bei *Facebook*. Jetzt können alle, die mit Annette bei *Facebook* verbunden sind, diese Fotos sehen. Annette könnte auch einstellen, dass nur bestimmte Personen diese Fotos sehen wie zum Beispiel Familienmitglieder oder enge Freunde. Diese können jetzt mit Annette interagieren. Zum Beispiel schreibt ihr Sohn Marcel unter ein Urlaubsfoto: „Das sieht toll aus!", und ihr Sohn Patrick schreibt: „Da wäre ich jetzt auch gerne". Wer nichts schreiben möchte, kann sich auch ohne Worte äußern. Unter jedem Beitrag gibt es verschiedene Symbole zum Anklicken wie den „Daumen nach oben" oder ein Herz. Dadurch kann Annette sehen, wer außerdem ihre Fotos mag. Dieser Vorgang heißt: *„liken"*, was vom englischen Wort „to like" abgeleitet „mögen" bedeutet. Neben Fotos werden auch Videos, Nachrichten oder Texte von anderen miteinander geteilt. Dann spricht man von *„sharen"*, also etwas mit anderen teilen.

Vielleicht fragen Sie sich jetzt: Warum sollte ich meine Urlaubsfotos im Internet zeigen? Wen interessiert das? Sie werden nicht glauben, wie viele Menschen gerne Persönliches mit anderen teilen. Und ebenso viele Menschen interessieren sich für das Leben von völlig Fremden. Manche zeigen, was sie gekocht, gebacken oder gebastelt haben, andere filmen sich dabei, wie sie einen Swimmingpool oder Gartenhaus aufbauen und wieder andere erklären in einem Video, wie man lästige Insekten aus Topfpflanzen loswird. Jeder beziehungsweise jede, der oder die ein Gerät wie ein Smartphone besitzt, kann eigene Inhalte erstellen und mit anderen Menschen teilen. Doch Vorsicht: Allzu persönliche beziehungsweise private Informationen sollten nicht mit der Welt geteilt werden. Doch dazu später mehr.

Das sind die Vorteile von sozialen Netzwerken

Social Media zu nutzen, bedeutet vor allem Teil zu haben. In welcher Art und Weise Sie am Leben anderer teilhaben möchten, hängt von Ihren Vorlieben und Interessen ab. Hier einige Beispiele für positive Aspekte der Netzwerke:

Bleiben Sie in Kontakt
Ihre Kinder wohnen in einer andren Stadt oder sogar in einem anderen Land? Die Enkelkinder studieren in einer anderen Stadt? Ihre einstigen Nachbarn sind weggezogen? Über Social Media halten Sie weiter Kontakt. Es ist natürlich nicht dasselbe, als wären Sie dabei, aber man hat das Gefühl, am Leben der anderen teilzuhaben, wenn Sie deren neueste Fotos bei *Facebook* oder *Instagram* betrachten. Außerdem gibt es noch die sogenannten Messenger-Apps. *„WhatsApp"* ist die wohl berühmteste Kommunikationsanwendung für das Smartphone. Damit versenden und empfangen Sie Text- und Sprachnachrichten, Videos oder Bilder. Haben Sie die App erst einmal auf dem Telefon installiert, ist die Bedienung recht einfach. Streng genommen gehört *WhatsApp* nicht zu den sozialen Medien, weil die Nutzerinnen und Nutzer nicht mit der Öffentlichkeit kommunizieren, sondern ausschließlich mit den Kontakten, die Sie im Telefon eingespeichert haben.

Bleiben Sie auf dem Laufenden
Was ist los in der Welt? Die Nachrichten finden Sie wie gehabt auch weiterhin in Radio, Zeitung und Fernsehen. Über Social Media bekommen Sie die aktuellen Nachrichten sofort. Sicherlich gibt es immer wieder Debatten über das Thema *„Fake News"*, also absichtlich gestreute Falschinformationen, die über Social Media verbreitet werden. Achten Sie darauf, dass die Quellen stets seriös sind. Wie Sie Falschmeldungen erkennen, haben ich Ihnen auch nochmal in dem späteren Absatz zusammengestellt.

Übrigens sind auch sehr viele Prominente aus Sport, Politik, Wirtschaft, Kultur oder dem Showbusiness in den sozialen Medien präsent. Sie teilen mit ihren Fans Dinge aus ihrem Leben. Um deren Links folgen zu können, müssen Sie bereits bei dem sozialen Netzwerk angemeldet sein. Die Fans werden bei Social Media auch *„Follower"* (engl. „to follow" = folgen) genannt. Auch Sie können jemandem online folgen, wenn Sie sich für eine öffentliche Person interessieren und in dem entsprechenden Netzwerk angemeldet sind.

Tipps und Tricks für alle Lebenslagen
Wie werde ich Fruchtfliegen los? Wie backe ich eine Sachertorte? Wie baut man einen Gartenteich? Wie stelle ich am E-Bike die Schaltung ein? Wie lade ich eine App auf das Handy oder *IPad*? Bei Social Media finden Sie Antworten auf diverse Fragen. Schließlich sind nicht nur Laien, sondern auch jede Menge Profis in den sozialen Netzwerken zu finden. Es gibt eine Vielzahl spannender Videos oder Texte zu allen möglichen Situationen und Lebenslagen. Wenn Sie gerne backen oder basteln, dann schauen Sie sich doch einmal das soziale Netzwerk *Pinterest* an. Dort teilen Menschen ihre kreativen Ideen. Auch sogenannte Foren gehören zu den sozialen Netzwerken. Es gibt sie für alle Interessensgebiete: von A wie Auto über M wie Musik bis hin zu Z wie Zelten. Hier nutzen Sie die sogenannte Schwarmintelligenz. Dies bedeutet, dass durch das Mitwirken der Teilnehmenden in einem Netzwerk ein großer Wissensschatz entsteht.

Spezielle Netzwerke für Ältere
Das „Forum für Senioren" enthält unter anderem regionale Gruppen. So lernen Sie Menschen in Ihrer Umgebung kennen und können sich sogar treffen, nicht nur online. Bei *„Herbstzeit"* finden Sie Wissenswertes zu allen möglichen Themen wie Wandern, Wohnen, Tierwelt, Auto oder Kunst und Kultur und können sich darüber austauschen. Für Alleinstehende auf Partnersuche könnte das Forum *„Platinherz"* interessant sein. Auf *Reddit* (Ein Social-News-Aggregator, eine Website, auf der registrierte Benutzer Inhalte einstellen bzw. anbieten können). suchen junge Menschen in der englischsprachigen Gruppe Ask Old People gezielt den Rat älterer Nutzerinnen und Nutzer, die gewillt sind, ihre große Lebenserfahrung zu teilen. Beachten Sie nur, dass nicht alle hier genannten Angebote kostenfrei sind.

Gefahren im Netz und Tipps zum Umgang damit

Generell können Sie bei Social Media sehr viel von sich preisgeben oder auch nur sehr wenig. Im Zweifelsfall sollten Sie lieber weniger Informationen über sich im Internet veröffentlichen. Denn leider sind auch viele Betrügerinnen und Betrüger unterwegs. Sie verstecken sich hinter sogenannten *„Fake-Profilen".* Das bedeutet, sie haben sich die Informationen über ihre Person ausgedacht. In der Regel ist der Name falsch und das Foto auch. Einige versuchen, eine Beziehung zu einzelnen Nutzerinnen oder Nutzern aufzubauen, vor allem bei Alleinstehenden ist das eine beliebte Masche. Wenn Sie dem anderen vertrauen, werden Sie womöglich um Geld gebeten. Dazu wird Ihnen meistens eine sehr rührende Geschichte erzählt. **Seien Sie also immer auf der Hut, wenn Fremde Sie anschreiben.** Infos zu Betrugsmaschen und wie Sie sich davor schützen finden Sie später ebenfalls hier im Buch.

Wenn Sie sich in Netzwerken anmelden, sollten Sie sich immer genau die Bedingungen für Ihre Teilnahme durchlesen. Einige Angebote sind kostenpflichtig. Das muss eigentlich genau gekennzeichnet werden, ist aber nicht immer der Fall und dann haben Sie ein Abo abgeschlossen, ohne es zu wollen. Auch hier gilt: Wenn etwas unverständlich beschrieben ist oder Ihnen etwas merkwürdig vorkommt, seien Sie vorsichtig. Bitten Sie im Zweifelsfall jemanden um Hilfe, der sich gut im Internet auskennt.

Fake News erkennen und widerlegen

Fake News und Verschwörungstheorien sind nicht erst seit *Covid-19* ein Problem. Vor allem in den Sozialen Medien wird gefährlicher Unsinn verbreitet. Manche Inhalte sind plump gefälscht, andere erst bei näherem Hinsehen als Falschmeldung erkennbar. Worauf Sie achten sollten und wie Sie *Fake News* enttarnen, verrate ich Ihnen später.

Die vermeintlich Kritischen stellen sich gegen die „finstere" globale Elite

Das Grundprinzip ähnelt sich meist:
Auf der einen Seite wird die finstere globale Elite heraufbeschworen, die alle manipulieren will. Und auf der anderen Seite gibt es die wenigen angeblich Guten und Kritischen, die Durchblicken und die Wahrheit kennen. Die

Faktencheck-Plattform *www.mimikama.at* spricht von „Verschwörungslegenden" und sagt: „Sie bieten einfache Antworten auf komplexe Fragen und damit auch Halt. Sie geben vor, dass ein Plan hinter alldem steckt und man nicht einfach irgendeinem Zufall ausgeliefert ist. Da dieser Plan ein böser ist, errichten Verschwörungslegenden Feindbilder, sodass Angst und Wut kanalisiert werden können."
Der Einfluss von digitalen Botschaften auf Menschen ist enorm – und hat Folgen für ihr Verhalten in der echten Welt.

So erkennt man Falschmeldungen

Umso wichtiger ist es, *Fake News*, Panikmache und Propaganda zu erkennen und dagegen vorzugehen. Typisch für Falschmeldungen und Verschwörungslegenden ist der manipulative Rahmen mithilfe von Schlagbegriffen. Ferner ist ein Blick auf die Herkunft einer Information wichtig: Handelt es sich um eine anonyme Quelle oder um eine seriöse Redaktion?" In Deutschland gibt es die Pflicht, ein Impressum anzugeben. Fehlt dieses oder ist die Adresse der Absenderin oder des Absenders im Ausland, spricht das nicht für Vertrauenswürdigkeit. Quellen und Zitate lassen sich im Internet gegenchecken. Gibt es mehrere Quellen? Und in welchem Zusammenhang sind die Zitate noch zu finden? In den sozialen Medien sollte man sich das Profil der Absenderin oder des Absenders genauer anschauen, bevor man ein Posting teilt.

Auch das Manipulieren von Fotos ist bei *Fake-News-Macherinnen* und *Fake-News-Machern* weit verbreitet. Oft wird nur ein Bildausschnitt gezeigt, wodurch der ursprüngliche Zusammenhang des Fotos verfälscht wird. Hier kann es helfen, das Foto in der Bildersuche bei *Google* hochzuladen, um so das Original oder ganz ähnliche Bilder vom gleichen Vorfall zu finden.

Folgende Seiten helfen beim Fake-News-Check:

Die Website *Hoaxmap* (*www.hoaxmap.org*) listet Gerüchte auf, die als *Fake News* entlarvt worden sind. Falschmeldungen sind nach Bundesländern aufgeführt, man kann auch nach Schlagworten suchen.

Der Faktenfinder der *ARD-Tagesschau* (*http://faktenfinder.tagesschau.de/*) hat es sich zur Aufgabe gemacht, Fakten und Hintergründe zu umstrittenen Gerüchten zu liefern.

Hinter *First Draft News* (*https://de.firstdraftnews.org/*) steht die gemeinnützige Vereinigung *First Draft.* Hier finden sich in mehreren Sprachen Hinweise zum Umgang mit zweifelhaften News, Bildern und Videos, die in sozialen Netzwerken verbreitet werden. Der Fokus hier liegt auf internationalen Meldungen.

Die österreichische Website *Mimikama* (*www.mimikama.at*) ist eine Plattform, die Userinnen- und User-Hinweisen auf *Fake News* nachgeht und diese überprüft. Sie hat auch eine Suchfunktion, *Hoaxsearch,* mit der Sie gezielt nach Schlagworten suchen können.

Ein selbstkritischer Umgang mit Medien ist wichtig

Bewahren Sie einen selbstkritischen Umgang mit dem eigenen Medienkonsum. Also sich mit den Fragen zu beschäftigen: Was lese ich? Warum lese ich bestimmte Inhalte? Wie transparent und seriös sind meine Quellen? Wichtig, dass man sich bewusst mit dem Thema beschäftigt und sich darüber im Klaren ist: „Speziell in den Sozialen Medien wird jeder immer wieder mit Behauptungen, Falschmeldungen und Legenden konfrontiert.“

Instagram

Instagram ist eine kostenlose, weit verbreitete Social-Media-Plattform, die primär auf visuellen Inhalten wie Fotos und Videos basiert. Ursprünglich im Jahr 2010 eingeführt, wurde *Instagram* schnell beliebt, insbesondere bei jüngeren Internetnutzern. Im Jahr 2012 wurde *Instagram* von *Facebook* (jetzt *Meta Platforms, Inc.*) übernommen.

(Quelle: https://www.instagram.com)

Hier sind einige Schlüsselfunktionen und Aspekte von *Instagram*:

Bild- und Videoteilung: Nutzer können Fotos und Videos auf ihrem Profil teilen. Diese Inhalte können mit verschiedenen Filtern und Bearbeitungswerkzeugen angepasst werden.

Stories: *Instagram* Stories ermöglichen es Nutzern, Fotos und Videos zu posten, die nach 24 Stunden automatisch verschwinden. Diese Funktion wird oft für spontanere und weniger dauerhafte Inhalte genutzt.

IGTV und Reels: *IGTV* ist für die Veröffentlichung längerer Videos gedacht, während *Reels* eine Funktion für kurze, unterhaltsame Videos ist, die häufig mit Musik, Effekten und verschiedenen kreativen Tools erstellt werden.

Direktnachrichten: Nutzer können private Nachrichten an andere *Instagram*-Benutzer senden. Diese Funktion unterstützt auch Gruppenchats und das Teilen von Fotos und Videos.

Follower und Folgen: *Instagram*-Nutzer können anderen Nutzern "folgen", um deren Inhalte in ihrem *Newsfeed* zu sehen. Ebenso können sie von anderen Nutzern gefolgt werden.

Entdecken: Die Entdecken-Seite zeigt Inhalte von Nutzern, denen man nicht folgt, basierend auf den Interessen und Aktivitäten des Benutzers auf Instagram.

Influencer und Werbung: *Instagram* ist bekannt für seine *Influencer*-Kultur, bei der Nutzer mit großer Anhängerschaft oft Markenprodukte bewerben. Die Plattform bietet auch Möglichkeiten für gezielte Werbung.

E-Commerce-Funktionen: *Instagram* hat Funktionen für E-Commerce eingeführt, darunter Möglichkeiten zum Markieren von Produkten in Posts und Stories, was direkte Käufe über die App ermöglicht.

Instagram hat sich zu einem wichtigen Instrument für soziale Vernetzung, Markenwerbung, *Influencer*-Marketing und visuelle Kreativität entwickelt. Es bleibt eine der beliebtesten und einflussreichsten Social-Media-Plattformen weltweit.

Facebook

Facebook ist eine weit verbreitete Social-Media-Plattform, die es Nutzern ermöglicht, sich online zu vernetzen, Inhalte zu teilen und zu kommunizieren. Gegründet im Jahr 2004 von *Mark Zuckerberg* und einigen seiner College-Mitbewohner an der *Harvard University*, hat sich *Facebook* zu einem der größten und einflussreichsten sozialen Netzwerke weltweit entwickelt.

(Quelle: https://www.facebook.com/?locale=de_DE)

Die Hauptfunktionen von *Facebook* umfassen:

Profil: Nutzer erstellen persönliche Profile, auf denen sie Informationen über sich selbst teilen können, wie z.B. Interessen, Fotos und Updates zu ihrem persönlichen Leben.

Freunde: Nutzer können andere Personen als "Freunde" hinzufügen, wodurch sie Zugang zu den auf der Plattform geteilten Inhalten dieser Personen erhalten.

News Feed: Der *News Feed* ist eine zentrale Funktion, die es Nutzern ermöglicht, Beiträge von Freunden, Familienmitgliedern und Seiten, denen sie folgen, zu sehen. Dies kann Texte, Fotos, Videos und Links umfassen.

Gruppen und Seiten: *Facebook* bietet die Möglichkeit, Gruppen zu erstellen und beizutreten oder Seiten zu folgen. Gruppen können themenbasiert sein und bieten einen Raum für Nutzer mit gemeinsamen Interessen. Seiten werden oft von Unternehmen, Organisationen oder öffentlichen Persönlichkeiten genutzt, um mit ihrem Publikum zu kommunizieren.

Messenger: *Facebook Messenger* ist eine integrierte Messaging-App, die es Nutzern ermöglicht, privat oder in Gruppen zu chatten, Anrufe zu tätigen und Videos zu teilen.

Veranstaltungen: Nutzer können Veranstaltungen erstellen und verwalten, Einladungen versenden und auf Veranstaltungen von anderen Nutzern reagieren.

Marktplatz: *Facebook* bietet einen Marktplatz, auf dem Nutzer Waren und Dienstleistungen kaufen, verkaufen und suchen können.

Werbung: *Facebook* bietet Unternehmen Werbeplattformen, um gezielte Werbung zu schalten, die auf den Daten und dem Verhalten der Nutzer basiert.

Im Laufe der Jahre hat *Facebook* zahlreiche Updates und Änderungen erfahren, einschließlich der Einführung von Datenschutzkontrollen, Algorithmen zur Steuerung des *News Feeds* (abonnierbare elektronische Nachrichten im Internet) und der Integration von *Augmented Reality* und *Virtual Reality*. Es hat auch andere soziale Medien-Unternehmen wie *Instagram* und *WhatsApp* übernommen, wodurch es sein Angebot und seinen Einfluss weiter ausgebaut hat.

Facebook hat sich zu einer wichtigen Plattform für soziale Vernetzung, digitales Marketing und Online-Kommunikation entwickelt und spielt eine zentrale Rolle in der Art und Weise, wie Menschen weltweit interagieren und Informationen austauschen.

Twitter oder neu „X"

Twitter ist eine weit verbreitete Social-Media-Plattform, die sich durch ihre einzigartige Kurznachrichten-Funktionalität auszeichnet. Sie wurde im März 2006 von *Jack Dorsey, Biz Stone* und *Evan Williams* gegründet und im Juli desselben Jahres öffentlich zugänglich gemacht. *Twitter* ermöglicht es Nutzern, sogenannte „*Tweets*" zu veröffentlichen – kurze Nachrichten mit einer ursprünglichen Begrenzung von 140 Zeichen, die später auf 280 Zeichen erweitert wurde.

Twitter ist Vergangenheit: Das Online-Netzwerk hat offiziell seinen Namen und sein Logo geändert. Mitte Juli 2023 ersetzte ein schwarz-weißes *X* den blauen *Twitter-Vogel*. Der Multimilliardär *Elon Musk*, der das Unternehmen im vergangenen Oktober 2022 für 44 Milliarden Dollar gekauft hatte, treibt damit den Umbau der Plattform voran. Bald sollen darüber auch etwa Online-Einkäufe und Bezahlungen abgewickelt werden können.

(Quelle: https://twitter.com/?lang=de)

Einige Schlüsselelemente von *Twitter / X:*

Tweets/Posts: *Tweets/Posts* sind kurze Nachrichten, die Text, Bilder, Videos und Links enthalten können. Sie sind das Herzstück der Kommunikation auf *Twitter/X.*

Retweets/Reposts und Likes: Nutzer können *Tweets/Posts* anderer Nutzer „*retweeten/reposten*", um sie mit ihren eigenen *Followern* (*Follower* bezeichnet Personen, die bestimmten Inhalten, anderen Personen, Interessen oder Unternehmen folgen) zu teilen. Außerdem können sie *Tweets /Posts* „liken", um ihre Zustimmung oder Interesse an einem Beitrag zu zeigen.

Follower: *Twitter/X-Nutzer* können anderen Nutzern „folgen", um deren *Tweets/Posts* in ihrem eigenen Newsfeed zu sehen. Ebenso können sie von anderen Nutzern gefolgt werden.

Hashtags: *Twitter/X* hat die Verwendung von *Hashtags (#)* populär gemacht, um Themen oder Stichworte hervorzuheben. *Hashtags* erleichtern es, *Tweets/Posts* zu bestimmten Themen zu finden und Diskussionen zu folgen.

Twitter Trends: *Twitter/X* analysiert laufend, welche Themen und *Hashtags* gerade besonders beliebt sind, und zeigt diese als „Trends" an. Diese können lokal, national oder global sein.

Direktnachrichten: Nutzer können private Nachrichten an andere *Twitter*-Nutzer senden, was einen direkteren und privaten Kommunikationskanal ermöglicht.

Listen und Threads: Nutzer können Listen von Accounts erstellen, um deren *Tweets/Posts* zu gruppieren, und *Threads* (geposteter Content/Inhalt) nutzen, um mehrere *Tweets/Posts* miteinander zu verbinden und längere Geschichten oder Erklärungen zu teilen.

Twitter/X ist besonders bekannt für seine Rolle in Echtzeit-Kommunikation und -Information, beispielsweise bei Nachrichtenereignissen, politischen Debatten und kulturellen Diskussionen. Die Plattform wird von einer Vielzahl von Nutzern verwendet, darunter Journalisten, Politiker, Prominente, Wissenschaftler und Alltagsmenschen, die ihre Gedanken und Meinungen mit der Welt teilen möchten. *Twitter/X* hat sich als wichtige Plattform für öffentlichen Diskurs und als Instrument für soziale Bewegungen und politische Aktivitäten etabliert.

13 Sozialen Medien und Online-Kommunikation

Datenschutzeinstellungen in sozialen Medien

Die richtige Konfiguration der Datenschutzeinstellungen in sozialen Medien ist entscheidend, um Ihre persönlichen Informationen zu schützen und Ihre Privatsphäre zu wahren. Hier sind einige wichtige Aspekte und Schritte, die Sie beachten sollten:

Überprüfung der Privatsphäre-Einstellungen

Zugriffssteuerung: Regelmäßig überprüfen, wer Ihre Beiträge und Ihr Profil sehen kann. Viele Plattformen bieten Optionen wie „Öffentlich", „Freunde" oder „Nur ich".

Personalisierte Einstellungen: Passen Sie die Einstellungen so an, dass sie Ihren Komfort- und Sicherheitsanforderungen entsprechen.

Verwaltung der geteilten Informationen

Persönliche Daten: Seien Sie vorsichtig mit den Informationen, die Sie in Ihrem Profil teilen, wie z.B. Adresse, Telefonnummer, Geburtsdatum oder Arbeitsplatz.

Beiträge und Fotos: Überlegen Sie sorgfältig, welche Informationen Sie in Ihren Beiträgen und Fotos preisgeben. Vermeiden Sie das Teilen sensibler oder kompromittierender Informationen.

Freundeslisten und Verbindungen

Freundeslisten verwalten: Akzeptieren Sie Freundschaftsanfragen nur von Personen, die Sie kennen und denen Sie vertrauen.

Unbekannte Anfragen: Seien Sie vorsichtig mit Anfragen von unbekannten Personen, da dies eine gängige Taktik von Betrügern und *Phishern* sein kann.

Einstellungen für Markierungen und Standort

Markierungen: Überprüfen Sie die Einstellungen, die bestimmen, wer Sie in Beiträgen und Fotos markieren kann und wie diese Markierungen verwaltet werden.

Standortfreigabe: Seien Sie vorsichtig mit der Freigabe Ihres Standorts in Beiträgen oder Bildern.

Werbung und Tracking

Anzeigeneinstellungen: Überprüfen Sie, wie soziale Medien Ihre Daten für Werbezwecke nutzen und passen Sie Ihre Einstellungen entsprechend an.
Tracking-Präferenzen: Einige Plattformen erlauben es Ihnen, das Tracking Ihrer Online-Aktivitäten für personalisierte Werbung zu begrenzen.

Sicherheits- und Login-Informationen

Passwortsicherheit: Verwenden Sie starke, einzigartige Passwörter und ändern Sie diese regelmäßig.
Zwei-Faktor-Authentifizierung: Aktivieren Sie, wenn möglich, die Zwei-Faktor-Authentifizierung für zusätzlichen Schutz.

Überprüfung der App-Berechtigungen

Drittanbieter-Apps: Überprüfen Sie regelmäßig, welche externen Anwendungen Zugriff auf Ihr soziales Medien-Konto haben und entziehen Sie Berechtigungen, die nicht mehr benötigt werden.

Durch regelmäßiges Überprüfen und Anpassen der Datenschutzeinstellungen können Sie Ihre Privatsphäre in sozialen Medien effektiv schützen und das Risiko von Datenschutzverletzungen und anderen Online-Gefahren minimieren.

14 Umgang mit Freundschaftsanfragen und Nachrichten in sozialen Medien

Der vorsichtige Umgang mit Freundschaftsanfragen und Nachrichten in sozialen Medien ist entscheidend, um Ihre Online-Sicherheit und Privatsphäre zu schützen. Hier sind einige Richtlinien und Tipps, wie Sie sicher in sozialen Netzwerken interagieren können:

Überprüfen von Freundschaftsanfragen

Bekannte Personen: Akzeptieren Sie Freundschaftsanfragen nur von Personen, die Sie persönlich kennen und denen Sie vertrauen.

Überprüfung unbekannter Anfragen: Seien Sie bei Anfragen von unbekannten Personen vorsichtig. Überprüfen Sie ihr Profil auf Authentizität, gemeinsame Freunde und andere Indizien, die darauf hinweisen könnten, ob es sich um ein echtes oder ein gefälschtes Profil handelt.

Vorsicht bei Nachrichten von Unbekannten

Unbekannte Absender: Seien Sie skeptisch gegenüber Nachrichten von Personen, die Sie nicht kennen, besonders wenn diese persönlichen Informationen, Geld oder den Zugriff auf Ihre Konten anfordern.

Phishing-Versuche: Achten Sie auf Anzeichen von *Phishing*, wie das Anfordern vertraulicher Informationen, schlechte Grammatik oder verdächtige Links.

Umgang mit unerwünschten Nachrichten

Blockieren und Melden: Nutzen Sie die Funktionen zum Blockieren und Melden, wenn Sie belästigende, unangemessene oder bedrohliche Nachrichten erhalten.

Keine persönlichen Informationen teilen: Geben Sie keine persönlichen Informationen wie Adresse, Telefonnummer oder Finanzinformationen an Unbekannte weiter.

Überprüfung der Nachrichteninhalte

Spam und Betrug erkennen: Seien Sie wachsam gegenüber Nachrichten, die Spam, Betrug oder Malware enthalten könnten. Dies umfasst verdächtige Werbeangebote, Gewinnbenachrichtigungen oder Aufforderungen zum Herunterladen unbekannter Dateien.

Datenschutzeinstellungen nutzen

Nachrichteneinstellungen: Passen Sie Ihre Einstellungen so an, dass nur Freunde oder Personen, denen Sie vertrauen, Ihnen Nachrichten senden können.

Einschränkung der Sichtbarkeit: Stellen Sie Ihre Privatsphäre-Einstellungen so ein, dass Unbekannte nicht Ihre vollständigen Profilinformationen oder Ihre Kontaktliste sehen können.

Sensibilisierung für Social Engineering

Täuschungsversuche erkennen: Seien Sie sich bewusst, dass Betrüger versuchen können, durch Manipulation Vertrauen aufzubauen, um an Ihre persönlichen Daten oder Geld zu gelangen.

Indem Sie diese Richtlinien befolgen, können Sie sich besser vor den Risiken schützen, die mit der Interaktion in sozialen Medien verbunden sind. Es ist wichtig, stets ein hohes Maß an Wachsamkeit zu bewahren und vorsichtig zu sein, um Ihre Online-Identität und persönlichen Informationen zu schützen.

15 Videokonferenzen und Messaging

Dienste wie zum Beispiel *Zoom, Skype* und *WhatsApp* ermöglichen Videogespräche und Instant Messaging (sofortige Nachrichtenübermittlung) für private
Kommunikation.

Video erweitert die Telefonie um nonverbale Kommunikationsmöglichkeiten.
Gestik, Mimik und Körpersprache sind Teil des Gesprächs. Auch die Umgebung
ist so visuell sichtbar. Das erzeugt zusätzlichen Kontext, der über die reine Kommunikation per Sprache hinausgeht. So ist die Videotelefonie für Senioren
mehrwertstiftend, um mit Familienmitgliedern und Freunden im Austausch zu
bleiben und das unabhängig von der Entfernung. Die daraus resultierende Nähe
wirkt Einsamkeit entgegen und dient gleichzeitig als Kommunikationsweg in jeder Situation.

Was für die *Gen Z* (Diejenigen die zwischen 1997 und 2012 zur Welt gekommen
sind) und *Millennials* (Diejenigen die zwischen 1980 und den späten 1990er
Jahren geboren sind bezeichnet man als *Gen Y* oder *Millennials*) bereits Alltag
ist, kennen die eigenen Großeltern der Generationen nicht einmal: Die Videotelefonie hat das klassische Telefonieren in weiten Teilen abgelöst. Digitale Treffen mit Freunden? Ein Videoanruf genügt. Ein Gespräch im Arbeitskontext? Ein
digitales Meeting, ergo ein Videoanruf, wird geplant. Gerade die ältere Generation, die am meisten von Videoanrufen aufgrund häufiger Einsamkeit zehren
kann, nutzt diese jedoch mehrheitlich nicht.

Videotelefonie für Senioren bedeutet Inklusion. Denn sie ermöglicht es Senioren, mit Familienmitgliedern, Freunden, aber auch Ärzten und Servicekräften in
Kontakt zu bleiben: Dabei erhöht das Video das Verständnis des Gesagten.
Möchten die Eltern der Oma und dem Opa beispielsweise am Telefon erklären,
was das neueste Lieblingsspielzeugs des Enkels *(Toniebox)* ist, scheitert dies
bereits an der Vorstellungskraft. Per Videotelefonie hältst man die *Toniebox* einfach ins Bild und demonstriert die Handhabung. Auch an Schulprojekten, Zeich-
nungen oder am neuen Sessel im Kinderzimmer können Großeltern so teilhaben. Kommunikation darf demnach simpel sein und das gelingt digital durch
Videotelefonie umso besser.

Für Senioren eröffnet dies eine neue Welt der Möglichkeiten – auch jene, die
nicht mehr gut laufen können, erschwert hören oder deren sensorische

Fähigkeiten im Alter nachgelassen haben, profitieren von der Videotelefonie auf mehreren Ebenen:

Videosprechstunden mit Ärzten sparen den Weg in die Arztpraxis und stellen eine kontinuierliche Gesundheitsversorgung sicher.

Videoanrufe erhöhen die Unabhängigkeit von Senioren, da sie sich eigenständig leicht digitale Unterstützung suchen oder in den Austausch gehen können.

Sich mit Gleichgesinnten zu treffen und sich über spezielle Interessensgebiete wie Historie, Häkeln oder Fußball zu unterhalten, gelingt auch in virtuellen Gruppen.

Digitale Bildungsangebote helfen Senioren dabei, engagiert und geistig aktiv zu bleiben.

Der wohl größte Mehrwert ist es jedoch, mit Familienmitgliedern in Kontakt zu bleiben. Videotelefonie für Senioren ist somit ein Weg, vorhandene Verbindungen zu stärken, auch in Distanz Teil von familiären Ereignissen zu sein und dein Lächeln auf dem Bildschirm zu sehen.

Zoom

Zoom ist eine Cloud-basierte Videokonferenz- und Kommunikationssoftware, die für virtuelle Meetings, Chats, Telefonkonferenzen und Webinare verwendet wird. Gegründet wurde *Zoom* im Jahr 2011 von *Eric Yuan,* einem ehemaligen leitenden Angestellten bei *Cisco Systems.* Besonders seit Beginn der COVID-19-Pandemie im Jahr 2020 hat *Zoom* an Popularität gewonnen und ist zu einem der führenden Tools für Online-Meetings und Fernarbeit geworden.

Ein „Webinar" in der Erwachsenenbildung ist eine Live-Online-Veranstaltung, die zu einer bestimmten Zeit im Internet stattfindet und sich dafür in der Regel eines Videokonferenzsystems bedient.

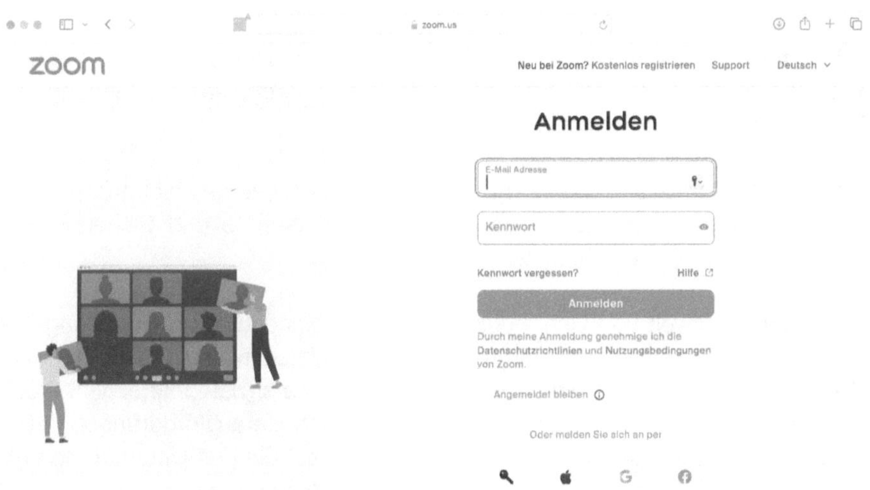

(Quelle: https://explore.zoom.us/de/products/meetings/)

Einige der Hauptmerkmale von *Zoom* umfassen:

Videokonferenzen: *Zoom* ermöglicht es Nutzern, virtuelle Meetings mit Video zu führen. Teilnehmer können sich über einen Link einwählen und sowohl Video- als auch Audio-Feeds verwenden.

Bildschirmfreigabe: Nutzer können während eines Meetings ihren Bildschirm teilen, was für Präsentationen und kollaboratives Arbeiten nützlich ist.

Chat-Funktion: *Zoom* bietet eine integrierte Chat-Funktion, die es Teilnehmern ermöglicht, während des Meetings Textnachrichten auszutauschen.

Aufzeichnungsfunktion: Meetings können aufgezeichnet und für spätere Ansichten oder für Personen, die nicht teilnehmen konnten, gespeichert werden.

Breakout-Räume: Bei größeren Meetings können Teilnehmer in kleinere Gruppen aufgeteilt werden, die in separaten virtuellen Räumen diskutieren.

Webinar-Funktionalität: *Zoom* bietet spezielle Funktionen für Webinare, einschließlich der Möglichkeit für Teilnehmer, sich anzumelden und interaktive Elemente wie Umfragen und Q&A-Sessions (Bei einer Q&A-Session können Teilnehmer individuelle Fragen an den Referenten oder den Moderator stellen).

Integration in Kalendersysteme: *Zoom* lässt sich in gängige Kalendersysteme wie *Google Kalender* und *Microsoft Outlook* integrieren, was die Planung und Einladung zu Meetings vereinfacht.

Ende-zu-Ende-Verschlüsselung: Für zusätzliche Sicherheit bietet *Zoom* eine Ende-zu-Ende-Verschlüsselung an, um die Privatsphäre und Sicherheit der Kommunikation zu gewährleisten.

Zoom wird weltweit von Unternehmen, Bildungseinrichtungen, Regierungsbehörden und Einzelpersonen genutzt und hat sich zu einem unverzichtbaren Werkzeug für Fernarbeit, Fernunterricht und virtuelle soziale Interaktionen entwickelt. Trotz seiner Beliebtheit musste *Zoom* auch Herausforderungen in Bezug auf Datenschutz und Sicherheit bewältigen, auf die das Unternehmen mit verschiedenen Updates und Verbesserungen reagiert hat.

Skype

Skype ist eine Kommunikationsplattform, die von *Microsoft* entwickelt wurde und verschiedene Dienste wie Sprach- und Videoanrufe, Sofortnachrichten, Dateiübertragungen und Konferenzgespräche bietet. Ursprünglich 2003 eingeführt, wurde *Skype* im Jahr 2011 von *Microsoft* übernommen und ist seither ein fester Bestandteil des Portfolios des Unternehmens, insbesondere im Bereich der Online-Kommunikation.

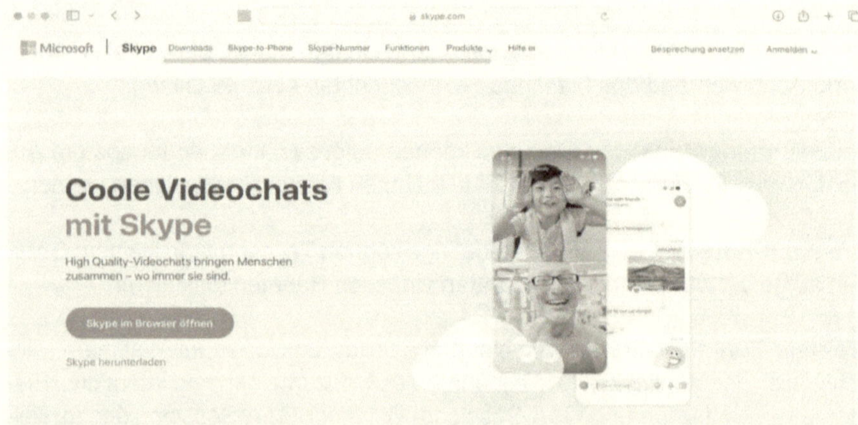

(Quelle: https://www.skype.com/de/)

Die Hauptfunktionen von *Skype* umfassen:

Video- und Sprachanrufe: Benutzer können kostenlose Video- und Sprachanrufe über das Internet zu anderen *Skype*-Nutzern führen. Es ist auch möglich, zu Telefonnummern weltweit anzurufen, wofür jedoch Gebühren anfallen können.

Gruppenanrufe und -konferenzen: *Skype* ermöglicht Gruppen-Video- oder Audiokonferenzen, was es zu einem beliebten Tool für geschäftliche Besprechungen, Online-Unterricht und virtuelle Familientreffen macht.

Sofortnachrichten: Neben Sprach- und Videoanrufen bietet *Skype* auch einen Sofortnachrichtendienst, mit dem Nutzer Textnachrichten, Bilder, Videos und Dateien austauschen können.

Bildschirmfreigabe: Während eines Anrufs können Nutzer ihren Bildschirm mit anderen teilen, was für Präsentationen und gemeinsame Arbeit nützlich ist.

Übersetzungsfunktionen: *Skype* bietet Echtzeit-Übersetzungsfunktionen für Sprach- und Videogespräche in verschiedenen Sprachen, was die Kommunikation zwischen Personen mit unterschiedlichen Muttersprachen erleichtert.

Voicemail und Anrufweiterleitung: Nutzer können Voicemail-Nachrichten hinterlassen und Anrufe an eine andere Nummer weiterleiten, wenn sie nicht erreichbar sind.

Integration in Microsoft-Produkte: Als Teil des *Microsoft*-Ökosystems ist *Skype* mit anderen *Microsoft-Produkten* und -Diensten, wie *Outlook* und *Office*, integriert.

Skype wird sowohl von Einzelpersonen als auch von Unternehmen genutzt und ist auf verschiedenen Geräten und Betriebssystemen verfügbar, darunter *Windows*, *macOS*, *iOS*, *Android* und *Linux*. Trotz des zunehmenden Wettbewerbs durch andere Kommunikationsplattformen wie *Zoom*, *Google Meet* und *Microsoft Teams* bleibt *Skype* eine beliebte Wahl für viele Nutzer aufgrund seiner Benutzerfreundlichkeit und seiner breiten Verfügbarkeit.

Whatsapp Web

WhatsApp Web ist eine Erweiterung des *WhatsApp*-Messaging-Dienstes, der es Benutzern ermöglicht, ihre *WhatsApp*-Nachrichten über einen Webbrowser auf einem Computer zu verwenden. Diese Funktion wurde Anfang 2015 eingeführt und stellt eine bequeme Möglichkeit dar, *WhatsApp* auf größeren Bildschirmen und mit einer physischen Tastatur zu nutzen, was insbesondere für längere Konversationen oder für die Arbeit nützlich sein kann.

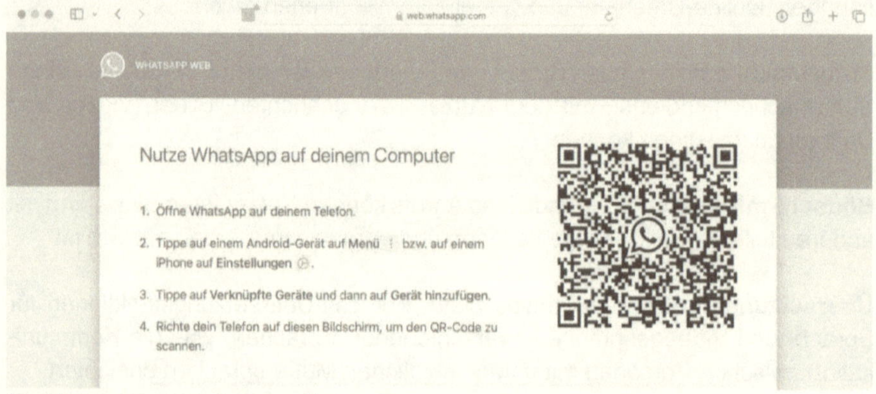

(Quelle: https://web.whatsapp.com)

Um *WhatsApp Web* zu nutzen, müssen Benutzer Folgendes tun:

Webseite Öffnen: Benutzer müssen die Webseite *https://web.whatsapp.com* in einem Webbrowser auf ihrem Computer öffnen.

QR-Code Scannen: Auf der Webseite wird ein *QR-Code* angezeigt. Um sich anzumelden, müssen Benutzer die *WhatsApp-App* auf ihrem Smartphone öffnen, zu den Einstellungen gehen und die Option *„WhatsApp Web/Desktop"* auswählen. Dann scannen sie mit der Kamera ihres Smartphones den *QR-Code* auf dem Computerbildschirm.

Synchronisation: Nach dem Scannen des *QR-Codes* synchronisiert sich *WhatsApp Web* mit dem *WhatsApp-Konto* auf dem Smartphone, und Benutzer können auf ihre Chats und Medien zugreifen, Nachrichten senden und empfangen, sowie Dateien und Fotos teilen.

Einige wichtige Aspekte von *WhatsApp Web*:

Abhängigkeit vom Smartphone: *WhatsApp Web* funktioniert als eine Erweiterung des Smartphones und benötigt eine aktive Internetverbindung auf dem Mobilgerät. Wenn das Smartphone offline geht, wird auch die Verbindung zu *WhatsApp Web* unterbrochen.

Spiegelung der Smartphone-App: *WhatsApp Web* spiegelt die Chats und Nachrichten von der mobilen App. Alle Nachrichten, die auf *WhatsApp Web* gesendet oder empfangen werden, erscheinen auch auf dem Smartphone.

Sicherheit: Wie die mobile App, verwendet auch *WhatsApp Web* Ende-zu-Ende-Verschlüsselung für alle Nachrichten.

Einschränkungen: Einige Funktionen, die in der mobilen App verfügbar sind, wie z.B. Sprach- und Videoanrufe, sind in *WhatsApp Web* (Stand April 2024) nicht verfügbar.

WhatsApp Web ist eine nützliche Funktion für Benutzer, die viel Zeit am Computer verbringen und eine nahtlose Integration ihrer mobilen *WhatsApp*-Kommunikation in ihren Arbeitsablauf wünschen.

Fazit:
Speziell für ältere Menschen bieten diese Programme für Videogespräche eine gute Möglichkeit sich „Face to Face" mit anderen älteren Menschen, Freunde, Bekannte, Familienmitgliedern, Enkeln, usw. die weiter weg entfernt wohnen, regelmäßig zu unterhalten und sich dabei auch über den Computer zu sehen.

16 Information und Recherche

Suchmaschinen: *Google, Bing* und andere Suchmaschinen bieten eine umfangreiche Möglichkeit, Informationen zu nahezu jedem Thema zu finden.

Google

Die *Google*-Suchmaschine ist ein Internet-Suchdienst, der von *Google* entwickelt wurde und der Hauptbestandteil des Unternehmens ist. Es ist die am häufigsten genutzte Suchmaschine im Internet und bietet Nutzern die Möglichkeit, Informationen aus dem gesamten Web zu suchen und zu finden. Die *Google*-Suchmaschine wurde von *Larry Page* und *Sergey Brin*, den Gründern von *Google*, im Jahr 1998 ins Leben gerufen.

(Quelle: https://www.google.com/)

Die Hauptmerkmale und Funktionen der *Google*-Suchmaschine umfassen:

Suchalgorithmus: *Google* verwendet komplexe Algorithmen und Methoden wie PageRank, um die Relevanz und Autorität von Webseiten zu bewerten und die Suchergebnisse zu ordnen.

Schnelle und genaue Ergebnisse: *Google* ist bekannt für seine Fähigkeit, schnell genaue und relevante Suchergebnisse zu liefern. Dies schließt Webseiten, Nachrichten, Bilder, Videos und mehr ein.

Keywords und Suchanfragen: Nutzer können nach Stichworten, Phrasen oder Fragen suchen. *Google* bietet auch Funktionen für automatische Vervollständigung und Korrektur von Rechtschreibfehlern.

Personalisierte Suchergebnisse: Basierend auf dem Suchverlauf und den Aktivitäten des Nutzers in anderen *Google*-Diensten können personalisierte Suchergebnisse bereitgestellt werden.

Zusätzliche Suchfunktionen: *Google* bietet erweiterte Suchfunktionen wie Bildersuche, Kartensuche, Nachrichtensuche und eine wissenschaftliche Suchfunktion namens *Google Scholar*.

Integration mit anderen Google-Diensten: Die Suchmaschine ist eng mit anderen *Google*-Produkten und -Diensten wie *Google Maps, Google News* und *Google Fotos* integriert.

Werbung: *Google Ads* ermöglicht es Unternehmen, Werbeanzeigen in den Suchergebnissen zu platzieren, die auf die Suchanfragen der Nutzer abgestimmt sind.

Die *Google*-Suchmaschine hat die Art und Weise, wie Menschen auf Informationen zugreifen und das Internet nutzen, revolutioniert. Sie bietet eine benutzerfreundliche, effiziente und umfassende Möglichkeit, Informationen zu nahezu jedem Thema zu finden. *Google* verbessert kontinuierlich seine Suchalgorithmen und -funktionen, um die Genauigkeit und Relevanz der Suchergebnisse zu optimieren und gleichzeitig auf Datenschutz- und Sicherheitsbedenken zu reagieren.

Bing

Bing ist eine Internet-Suchmaschine, die von *Microsoft* entwickelt wurde. Sie wurde am 3. Juni 2009 als Nachfolger von *Microsoft* früheren Suchmaschinen *MSN Search, Windows Live Search* und später *Live Search* eingeführt. *Bing* bietet eine Vielzahl von Suchdiensten, einschließlich Web-, Video-, Bild- und Karten-Suche.

(Quelle: https://www.bing.com)

Einige Hauptmerkmale von *Bing* sind:

Suchfunktionen: *Bing* ermöglicht es Nutzern, Informationen über das Web zu suchen, einschließlich Nachrichten, Bilder und Videos. Die Suchergebnisse können gefiltert und sortiert werden, um den spezifischen Bedürfnissen der Nutzer zu entsprechen.

Visual Search und Images: *Bing* bietet eine starke Bildersuchfunktion, den Nutzern ermöglicht, durch visuell ansprechende Ergebnisse zu navigieren. Die Visual Search-Funktion erlaubt es, Objekte in Bildern zu identifizieren und ähnliche Objekte im Web zu finden.

Bing Maps: Ein Kartendienst, der detaillierte geografische Informationen bietet, einschließlich Straßenkarten, Satellitenbilder und Routenplanung.

Bing Rewards: Ein Prämienprogramm, das Nutzern Punkte für die Nutzung der *Bing*-Suche bietet. Diese Punkte können gegen verschiedene Belohnungen eingetauscht werden.

Integration mit Microsoft-Produkten: *Bing* ist eng in andere *Microsoft*-Produkte und -Dienste integriert, einschließlich des *Windows-Betriebssystems*, des *Edge-Browsers* und des *Office-Pakets*.

Datenschutz und Sicherheit: *Bing* bietet verschiedene Datenschutz- und Sicherheitseinstellungen, die es Nutzern ermöglichen, ihre Sucherfahrung zu personalisieren und ihre Daten zu schützen.

Trotz des dominierenden Marktanteils von *Google* im Bereich der Suchmaschinen hat sich *Bing* als eine beachtliche Alternative etabliert, insbesondere für Nutzer, die tief in das *Microsoft*-Ökosystem integriert sind oder spezifische Funktionen von *Bing* bevorzugen. *Bing* ist bekannt für sein visuell ansprechendes Design, insbesondere die wechselnden Hintergrundbilder auf der Startseite, die häufig beeindruckende Natur- und Weltraumfotografien zeigen.

17 Online-Enzyklopädien

Wikipedia und spezialisierte Websites bieten umfassendes Wissen. Online-Kursplattformen wie *Coursera* oder *Udemy* ermöglichen das Lernen neuer Fähigkeiten.

Wikipedia

Wikipedia ist eine freie, mehrsprachige Online-Enzyklopädie, die von ehrenamtlichen Autoren aus der ganzen Welt erstellt und bearbeitet wird. Sie wurde am 15. Januar 2001 von *Jimmy Wales* und *Larry Sanger* ins Leben gerufen und wird von der gemeinnützigen Organisation *Wikimedia Foundation* betrieben. *Wikipedia* ist eines der größten und am häufigsten genutzten Referenzwerke im Internet und steht Nutzern kostenlos zur Verfügung.

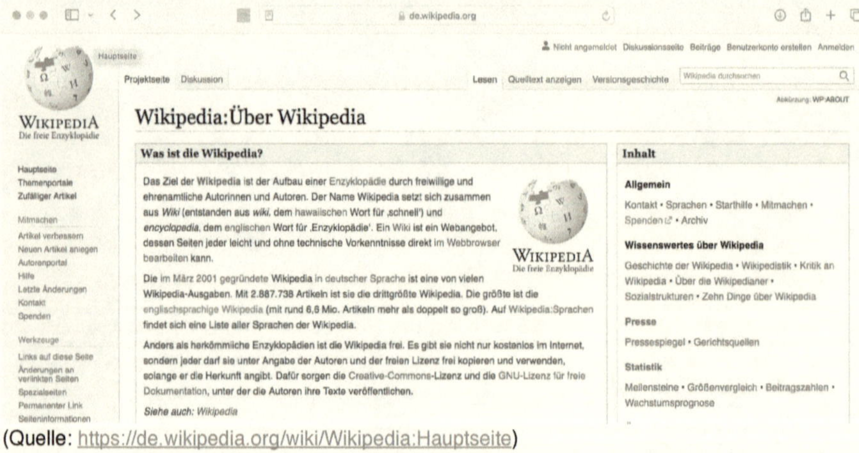

(Quelle: https://de.wikipedia.org/wiki/Wikipedia:Hauptseite)

Einige Schlüsselaspekte von *Wikipedia* umfassen:

Offene Bearbeitung: *Wikipedia* ist ein Beispiel für kollaboratives Schreiben im Internet. Fast jeder Artikel kann von jedem Nutzer bearbeitet oder verbessert werden. Diese offene Bearbeitungspolitik hat zu einer enormen Menge an Inhalten und einer breiten Abdeckung von Themen geführt.

Neutralität: *Wikipedia* strebt eine neutrale Sichtweise an. Artikel sollen ausgewogen, unparteiisch und frei von redaktionellen Verzerrungen sein.

Quellenbasierte Informationen: *Wikipedia*-Artikel sind typischerweise mit Quellenangaben versehen, die Leser zu weiterführenden Informationen und zur Überprüfung der Fakten leiten.

Mehrsprachigkeit: *Wikipedia* ist in vielen Sprachen verfügbar, wobei die englische Version die größte ist. Jede Sprachversion wird unabhängig betrieben und hat ihre eigenen Artikel und Nutzergemeinschaften.

Keine Werbung: *Wikipedia* ist werbefrei und finanziert sich hauptsächlich durch Spenden von ihren Nutzern.

Vielfalt an Inhalten: *Wikipedia* deckt eine breite Palette von Themen ab, darunter Geschichte, Geografie, Wissenschaft, Kunst, Kultur, Technologie und vieles mehr. Neben klassischen enzyklopädischen Artikeln finden sich dort auch Listen, Portale und thematische Übersichten.

Community und Richtlinien: Eine aktive Gemeinschaft von Freiwilligen schreibt und verwaltet die Inhalte von *Wikipedia*. Es gibt Richtlinien und Standards, die darauf abzielen, die Qualität der Inhalte zu sichern und zu verbessern.

Wikipedia hat sich zu einer unverzichtbaren Ressource für Millionen von Menschen entwickelt, die nach Informationen und Wissen suchen. Aufgrund ihres offenen Bearbeitungsmodells sollten Benutzer jedoch immer die Zuverlässigkeit und Genauigkeit der Informationen kritisch prüfen, insbesondere bei kontroversen oder schlecht dokumentierten Themen.

Ein Onlinelexikon ist eine Datenbank, die als abfragbare Inhalte ein elektronisches Lexikon (allgemeines oder ein Fachlexikon) oder ein elektronisches Wörterbuch anbietet, und die „online" (im Internet) bereitgestellt wird.

Weiter Beispiele:
https://de.wikipedia.org/wiki/Brockhaus_Enzyklopädie
https://de.wikipedia.org/wiki/Allgemeine_Encyclopädie_der_Wissenschaften_und_Künste
und noch viele weitere finden Sie im Internet.

18 Unterhaltung

Streaming-Dienste: Plattformen wie *Netflix, YouTube* und *Spotify* bieten Zugang zu Filmen, Serien, Musik und Videos.

Netflix

Netflix ist ein führender Streaming-Dienst für Filme, Fernsehserien und Dokumentationen. Ursprünglich im Jahr 1997 als DVD-Verleih per Post von *Reed Hastings* und *Marc Randolph* in Kalifornien gegründet, hat sich *Netflix* zu einem der prominentesten Anbieter von On-Demand-Streaming-Medien und einem Produzenten von eigenen Inhalten, den sogenannten *„Netflix Originals"*, entwickelt.

(Quelle: https://www.netflix.com/de/)

Einige der Hauptmerkmale von *Netflix* umfassen:

Streaming-Inhalte: *Netflix* bietet eine umfangreiche Bibliothek von Filmen, TV-Serien, Dokumentationen, Animationsfilmen und mehr, die über das Internet auf verschiedenen Geräten gestreamt werden können.

Netflix Originals: Neben lizenzierten Inhalten produziert *Netflix* eine wachsende Anzahl eigener Inhalte, darunter Serien, Filme, Dokumentarfilme und Specials. Viele dieser Originals haben kritische Anerkennung und populäre Erfolge erzielt.

Personalisierte Empfehlungen: *Netflix* verwendet Algorithmen, um Nutzern basierend auf ihren Sehgewohnheiten und Vorlieben personalisierte Inhaltsvorschläge zu machen.

Verschiedene Abonnement-Pläne: *Netflix* bietet verschiedene Abonnement-Modelle an, die sich in der Anzahl der gleichzeitig möglichen Streams und der Bildqualität (z.B. HD, Ultra HD) unterscheiden.

Globale Verfügbarkeit: *Netflix* ist in über 190 Ländern verfügbar, wobei der Inhalt von Region zu Region variiert. In vielen Ländern bietet *Netflix* auch Inhalte in verschiedenen Sprachen und mit Untertiteln an.

Benutzerfreundliche Schnittstelle: Die Plattform ist bekannt für ihre benutzerfreundliche Oberfläche und die einfache Navigation, sowohl auf der Website als auch in den mobilen und TV-Apps.

Offline-Modus: *Netflix* ermöglicht es Nutzern, bestimmte Inhalte herunterzuladen und offline zu sehen, was praktisch für Reisen oder Orte mit begrenztem Internetzugang ist.
Keine Werbung: *Netflix*-Streaming ist komplett werbefrei, unabhängig vom Abonnement-Plan.

Netflix hat die Art und Weise, wie Menschen auf der ganzen Welt Filme und Fernsehserien konsumieren, revolutioniert und gilt als einer der Hauptakteure im Übergang von traditionellem Fernsehen zu Online-Streaming. Mit seinen kontinuierlich aktualisierten Inhalten und seinen Eigenproduktionen bleibt Netflix ein zentraler Bestandteil der globalen Unterhaltungsindustrie.

YouTube

YouTube ist eine Online-Plattform für das Teilen von Videos, die im Februar 2005 von drei ehemaligen *PayPal*-Mitarbeitern – *Chad Hurley, Steve Chen* und *Jawed Karim* – gegründet wurde. *YouTube* ermöglicht es Benutzern, Videos hochzuladen, anzusehen, zu bewerten, zu teilen, zu kommentieren und zu abonnieren. Im November 2006 wurde *YouTube* von *Google* für 1,65 Milliarden US-Dollar in Aktien gekauft und funktioniert seitdem als eines der Tochterunternehmen von *Google*.

(Quelle: https://www.youtube.com)

Einige der Hauptmerkmale von *YouTube* umfassen:

Vielfalt an Inhalten: Auf *YouTube* finden sich eine breite Palette von Videos, darunter Musikvideos, Film- und Fernsehausschnitte, Bildungs- und Lehrvideos, Vlogs (Video-Blogs), und vieles mehr.

User-Generated Content: Ein Großteil der Inhalte auf *YouTube* wird von Privatpersonen hochgeladen. *YouTube* hat eine große Community von Content-Erstellern, die als „*YouTuber*" bekannt sind.

Monetarisierung und Werbung: Content-Ersteller können durch das *YouTube*-Partnerprogramm Geld verdienen, indem sie Werbung in ihren Videos schalten. *YouTube* verwendet ein Ad-Sharing-Modell, bei dem Ersteller einen Teil der Werbeeinnahmen erhalten.

Streaming-Qualität: *YouTube* bietet Videos in verschiedenen Auflösungen und Formaten an, einschließlich HD und 4K.

Live-Streaming: Neben vorab aufgezeichneten Videos bietet *YouTube* auch die Möglichkeit des Live-Streamings, was oft für Events, Webinare, Live-Kommentare und mehr genutzt wird.

YouTube Premium: Ein kostenpflichtiger Abonnement-Service, der werbefreies Ansehen, Zugang zu exklusiven Originalinhalten, das Herunterladen von Videos für das Offline-Ansehen und den Zugang zu *YouTube Music* umfasst.

Interaktive Funktionen: Nutzer können Videos kommentieren, bewerten und teilen. Content-Ersteller können mit ihrer Community über Kommentare, „Gefällt mir"-Angaben und Abonnements interagieren.

YouTube Music und YouTube Kids: Spezialisierte Dienste wie *YouTube Music*, das sich auf Musikvideos und Songs konzentriert, und *YouTube Kids*, das kinderfreundliche Inhalte bietet, erweitern das Angebot von *YouTube*.

YouTube ist eine der meistbesuchten Websites weltweit und spielt eine wichtige Rolle in der modernen digitalen Kultur. Es hat die Art und Weise, wie Menschen Inhalte konsumieren und erstellen, grundlegend verändert und dient als Plattform für Unterhaltung, Bildung, Nachrichten und persönlichen Ausdruck.

Amazon Prime Video

Mit rund 200 Millionen Abonnenten ist *Amazon Prime Video* der zweitbeliebteste Video-Streaming-Anbieter der Welt. Der dickste Pluspunkt, den die Plattform zu bieten hat, ist die Vielfalt ihres Angebots. Unzählige Filme und Serien aller erdenklichen Genres sind auf Abruf verfügbar, zudem punktet *Amazon* immer wieder mit beeindruckenden Eigenproduktionen. Vor allem das aufwendig produzierte Herr der Ringe-Prequel *Die Ringe der Macht* sorgte für Aufsehen. Darüber hinaus kannst du mit einem *Prime-Video-Abo* einige attraktive Shopping-Vorteile nutzen, wie etwa Warenlieferungen zum Nulltarif.

Disney+

Erst seit Ende 2019 mischt *Disney* in der Riege der Streaming-Dienste mit – und die Bilanz kann sich durchaus sehen lassen. Mehr als 160 Millionen Menschen nutzen die Plattform *Disney+* bereits – Tendenz steigend. Vor allem Fans von familienfreundlichen *Disney*-Zeichenklassikern, *Marvel*-Produktionen und der *Star Wars*-Reihe kommen bei der Plattform voll auf ihre Kosten. Daneben gehören auch erstklassige *National-Geographic*-Dokumentationen zum Angebot des Streaming-Dienstes. Kleiner Wermutstropfen: Inhalte mit Dolby-Atmos-Sound sind bei *Disney+* leider (noch) rar gesät.

WOW

Bei *WOW* (ehemals *Sky Ticket*) wird Flexibilität großgeschrieben, denn der Streaming-Dienst bietet dir die Möglichkeit, ein individuelles Abo-Paket abzuschließen, das deinen persönlichen Präferenzen entspricht. Das *WOW* Serien-Abo beinhaltet unter anderem die hochkarätigen Serien des US-Senders *HBO* inklusive dem *Game of Thrones-Prequel House of the Dragon* und dem neuen Serienhammer *The Last of Us*. Damit hat der Anbieter schon mal ein echtes Ass im Ärmel. Aber auch für Fans des gepflegten Live-Sports ist ordentlich was geboten. Mit einem entsprechenden Abo kannst du unter anderem die *Fußball-Bundesliga, Wimbledon* und die *Formel 1* streamen.

Apple TV+

Mit *Apple TV+* steht dir ein weiterer erstklassiger Video-Streaming-Anbieter zur
Auswahl. Der werbefreie Dienst, der als App für *iPhones* und *iPads* oder auch
auf diversen *Smart TVs* verfügbar ist, hält einige sehenswerte Originals bereit,
darunter der Fantasy-Kracher *See – Reich der Blinden* und die Sci-Fi-Serie *For
All Mankind*. Zugegeben: Die Auswahl hält sich in quantitativer Hinsicht noch in
Grenzen. Dafür sind die verfügbaren Formate aber allesamt in 4K, HDR und
Dolby Atmos abspielbar.

Paramount+

Ist *Paramount+* der neue Shootingstar (Überflieger) in der Welt der Video-
Streaming-Dienste? Gut möglich! Zumindest leidenschaftliche Trekkies (Trek-
kie oder Trekker ist die Bezeichnung für einen Anhänger der Fernsehserie Star
Trek) werden den seit Dezember 2022 verfügbaren Anbieter schnell ins Herz
schließen, denn die Plattform hat unter anderem sämtliche *Star Trek*-Serien und
-Filme im Programm. Daneben umfasst das Spektrum verschiedene Formate
der TV-Sender *CBS, Nickelodeon* und *Showtime* und auch exklusive Eigenproduktionen sind bereits in Arbeit.

discovery+

Klassisches Fernsehen ist Ihnen zu öde? Dann ist der Video-Streaming-Anbieter *discovery+* möglicherweise Ihr neues virtuelles Zuhause. Die Plattform bietet
ein exklusives Programm, das sich unter anderem aus True-Crime-Serien, Life-
style-Formaten, Wissenschaftsdokus und Reality-TV-Shows zusammensetzt.
Davon abgesehen zählen verschiedene lineare Sender wie *Discovery Channel,
Animal Planet, Tele 5, DMAX, TLC* und *Eurosport* zum Angebot. Übrigens: Aller
Voraussicht nach wird *discovery+* bald mit dem Anbieter *HBO Max* verschmel-
zen.

Joyn

Bei *Joyn* finden Sie die Sender von *ProSiebenSat.1* als Live-Programm und in
der Mediathek. *Joyn* gibt's entweder kostenlos mit Werbung oder mit dem Abo
Joyn PLUS+ ohne Werbung und mit zusätzlichen Inhalten.

RTL+

RTL+, ehemals *TV Now*, gehört zur *RTL-Gruppe* und zeigt alle *RTL*-Sender live und in der Mediathek. Um alle Inhalte und Funktionen zu nutzen, benötigen Sie auch hier ein kostenpflichtiges Abo.

Zattoo

Bei *Zattoo* finden Sie eine große Auswahl an klassischen Fernseh-Sendern. Kostenlos können Sie die öffentlich-rechtlichen Sender sehen, gegen Aufpreis erhalten Sie auch Privatsender, mehr Funktionen und eine bessere Bildqualität.

waipu.tv

waipu.tv funktioniert ähnlich wie *Zattoo*, hat aber eine noch größere Senderauswahl. Ein Nachteil ist, dass Sie die dazugehörige TV-App nur kostenpflichtig auf ihren Geräten nutzen können.

Mediatheken:

In den Mediatheken von *ARD* und *ZDF* finden Sie das Programm der öffentlich-rechtlichen Sender, der Dritten Programme wie *BR* oder *MDR* und der Spartensender wie *KiKA* oder *3sat*. Wahlweise auf Abruf oder als Livestream.

19 Online-Spiele

Um im Alter geistig fit zu bleiben, bieten sich auch Computerspiele an. Eine Vielzahl von Online-Spielen für alle Altersgruppen und Interessen ist verfügbar, von einfachen Puzzles bis hin zu Multiplayer-Online-Spielen.

Computerspiele sind aus dem Alltag vieler Menschen nicht mehr wegzudenken. Gerade bei älteren Spielern können Computerspiele helfen, die kognitiven Fähigkeiten zu verbessern und mit Spaß sogar Demenz vorzubeugen.

Durch räumliches Denken, Anwendung von Taktiken und Steigerung der Aufmerksamkeit können die kognitiven Fähigkeiten von Senioren gesteigert werden. Auch die Hand-Augen-Koordination lässt sich durch das Spielen von Computerspielen verbessern. Am Computer gibt es einige Möglichkeiten, Spiele kostenlos zu spielen. Beispielsweise über Websites wie Browser Games oder Silvergames. Auch im *Microsoft Store* oder im *Apple Store* gibt es eine große Auswahl an kostenlosen Computerspielen. Hier stelle ich Ihnen ein paar Computerspiele für Senioren vor.

Kartenspiele

Viele klassische Kartenspiele können Sie auch am Computer spielen. Außerdem erfordern Kartenspiele meist keine schnelle Reaktionszeit und Sie können mit Spaß Ihr Gedächtnis trainieren und Ihre Konzentrationsfähigkeit verbessern. Bei manchen Spielen ist es sogar möglich, mit mehreren Leuten zu spielen oder gegen Gegner im Internet anzutreten. Am PC können Sie Klassiker wie *Solitär, Hearts, Skat, Uno, Phase 10* und noch viele andere Kartenspiele spielen.

Denk- und Geschicklichkeitsspiele

Diese Art von Spielen hält Ihr Gehirn aktiv. Sie können Ihre Denkfähigkeit, Ihr Gedächtnis und Ihre Konzentration verbessern. Bei manchen Spielen fördern Sie auch Ihre Hand-Augen-Koordination. Außerdem sind Knobel- und Geschicklichkeitsaufgaben ein guter Zeitvertreib. *Sudoku, Mahjong, Candy Crush, Scrabble* oder *Tetirs* sind nur einige Spiele aus der großen Auswahl aus Denk- und Geschicklichkeitsspielen, die Sie online kostenlos spielen können. Für die *Nintendo Switch* können Sie sich Spiele wie *Dr. Kawashimas Gehirn-Jogging* oder *Big Brain Academy* kaufen. Mit diesen Spielen können Sie sich auch in Gesellschaft den Denksportaufgaben entgegenstellen.

Simulationen

Simulationen können Ihre Fantasie anregen und Sie in eine neue Welt eintauchen lassen. Egal, ob auf einer Farm oder als Pilot in einem Flugzeug – Simulationen lassen Sie Neues entdecken und erleben. Durch die Vielzahl an Videospielen ist für alle Interessen und Vorlieben etwas dabei. Außerdem können Simulationen kognitive Fähigkeiten wie das Arbeitsgedächtnis und das räumliche Denken verbessern.

Hier folgend ein paar Beispiele von interessanten kostenpflichtigen Spielen:

Die Sims
https://www.ea.com/de-de/games/the-sims

Microsoft Flight Simulator
https://www.flightsimulator.com/

Cities: Skylines
https://store.steampowered.com/app/255710/Cities_Skylines/

Farm Together
https://www.nintendo.com/store/products/farm-together-switch/

Bewegungsspiele

Am Computer wird es schwer, geeignete Bewegungsspiele zu finden. Doch an Spielkonsolen wie der *Wii* oder der *Switch* ist das kein Problem. So können Sie auch bei schlechtem Wetter auf unterhaltsame Weise in Bewegung kommen. Am besten eignen sich dafür Spiele wie:

Nintendo Switch Sports
https://www.nintendo.com/store/products/nintendo-switch-sports-switch/

Nintendo Switch Rind Fit Adventure
https://www.nintendo.de/Spiele/Nintendo-Switch-Spiele/Ring-Fit-Adventure-1638708.html

Nintendo Switch Fitness Circuit
https://www.nintendo.de/Spiele/Nintendo-Switch-Spiele/Fitness-Circuit-2372222.html#_bersicht

Nintendo Switch Let's get fit

https://www.nintendo.de/Spiele/Nintendo-Switch-Spiele/Let-s-Get-Fit-2212590.html#_bersicht

Dies sind nur ein paar Beispiele und es gibt zahlreiche weitere Plattformen im Internet die speziell Online-Spiele für ältere Menschen anbieten.

20 Einkaufen und Dienstleistungen

Online-Shopping: Websites wie *Amazon* und *eBay* ermöglichen den Kauf von Produkten von zu Hause aus.

Amazon

Die *Amazon*-Website ist der Online-Marktplatz des multinationalen Technologieunternehmens *Amazon*, das 1994 von *Jeff Bezos* gegründet wurde. Ursprünglich als Online-Buchhandlung gestartet, hat sich *Amazon* zu einem der weltweit größten E-Commerce-Unternehmen und einem führenden Anbieter von Cloud-Computing-Diensten entwickelt. Die Website *amazon.com* (sowie ihre verschiedenen internationalen Versionen) bietet eine umfangreiche Palette von Produkten und Dienstleistungen.

(Quelle: https://www.amazon.de)

Einige der Hauptmerkmale und Funktionen der *Amazon*-Website umfassen:

E-Commerce-Plattform: *Amazon* bietet eine breite Palette von Produkten, darunter Bücher, Elektronik, Kleidung, Haushaltswaren, Lebensmittel und vieles mehr. Nutzer können Artikel suchen, vergleichen, bewerten und kaufen.
Marketplace für Drittanbieter: Neben dem Verkauf eigener Produkte ermöglicht *Amazon* auch unabhängigen Verkäufern und Unternehmen, ihre Produkte über die Plattform zu verkaufen.

Amazon Prime: Ein Abonnementdienst, der Mitgliedern zusätzliche Vorteile bietet, wie kostenlosen und schnellen Versand, Zugang zu Streaming-Medien über *Amazon Prime Video*, Musikstreaming, kostenlose eBooks und mehr.

Benutzerbewertungen und Rezensionen: Produkte auf *Amazon* werden häufig von Käufern bewertet und rezensiert, was anderen Kunden bei Kaufentscheidungen hilft.

Empfehlungen und Personalisierung: *Amazon* verwendet Algorithmen, um personalisierte Produktvorschläge basierend auf dem Kaufverhalten und den Interessen der Nutzer zu machen.

Amazon Web Services (AWS): Eine Tochtergesellschaft von *Amazon*, die Cloud-Computing-Plattformen und API-Dienste für Unternehmen anbietet.

Kindle Store: Ein spezialisierter Bereich für den Kauf von eBooks und elektronischen Zeitschriften, die auf *Amazons Kindle*-Geräten oder über die *Kindle-App* gelesen werden können.

Logistik und Versand: *Amazon* hat ein umfangreiches Logistiknetzwerk aufgebaut, das schnelle Lieferzeiten und verschiedene Versandoptionen ermöglicht.

Amazon hat sich zu einer Schlüsselplattform im globalen Online-Handel entwickelt und ist bekannt für seinen Kundenservice, seine Innovationskraft und seine Fähigkeit, kontinuierlich neue Produktkategorien und Dienstleistungen zu integrieren. Mit seiner riesigen Auswahl und benutzerfreundlichen Oberfläche bleibt *Amazon* ein zentraler Anlaufpunkt für Online-Shopper weltweit.

Ebay

eBay ist eine der weltweit größten Online-Handelsplattformen, die sowohl für private als auch für gewerbliche Nutzer konzipiert ist. Sie wurde 1995 von *Pierre Omidyar* gegründet und hat sich seitdem zu einem bedeutenden Marktplatz für den Kauf und Verkauf von Waren aller Art entwickelt. *eBay* ermöglicht es Nutzern, Artikel über Auktionen und Festpreisangebote zu kaufen und zu verkaufen.

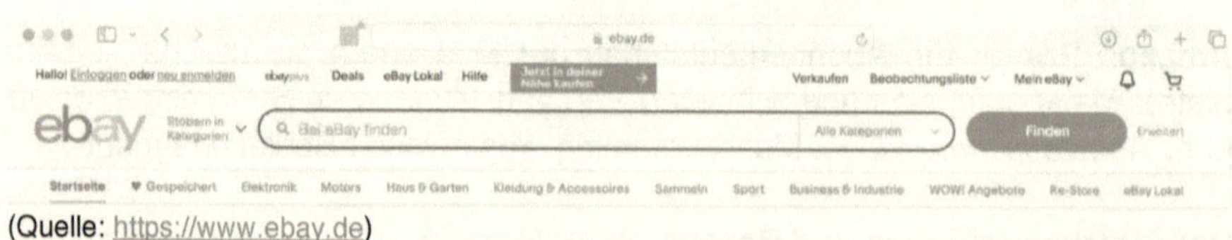

(Quelle: https://www.ebay.de)

Einige der Hauptmerkmale von *eBay* umfassen:

Auktionen: *eBay* ist bekannt für sein Online-Auktionsformat, bei dem Käufer Gebote für Artikel abgeben können. Der Höchstbietende am Ende der Auktionslaufzeit ist berechtigt den Artikel zu kaufen.

Festpreisangebote: Neben Auktionen bietet *eBay* auch die Möglichkeit, Artikel zu einem festen Preis (sofort kaufen) zu kaufen, ähnlich wie in einem herkömmlichen Online-Shop.

Vielfältiges Produktangebot: Auf *eBay* werden eine Vielzahl von Artikeln angeboten, darunter neue, gebrauchte und seltene Sammlerstücke. Die Bandbreite reicht von Elektronik und Kleidung über Möbel bis hin zu Autos und Immobilien.

Globale Reichweite: *eBay* ist in zahlreichen Ländern weltweit verfügbar und ermöglicht internationalen Handel. Nutzer können Artikel aus verschiedenen Ländern kaufen und verkaufen.

Nutzerbewertungen: *eBay* hat ein umfangreiches Bewertungssystem, das Käufern und Verkäufern ermöglicht, Feedback zu Transaktionen zu hinterlassen. Dies hilft anderen Nutzern, die Glaubwürdigkeit und Zuverlässigkeit der Handelspartner einzuschätzen.

Bezahlsysteme: *eBay* integriert verschiedene Zahlungsmethoden, darunter auch *PayPal,* um sichere Transaktionen zu gewährleisten.

Käuferschutz: *eBay* bietet einen Käuferschutz, der in bestimmten Fällen hilft, wenn es Probleme mit einer Transaktion gibt, wie z.B. bei nicht gelieferten Artikeln oder Artikeln, die nicht der Beschreibung entsprechen.

eBay Kleinanzeigen: In einigen Ländern betreibt *eBay* auch lokale Kleinanzeigenmärkte, die Nutzern ermöglichen, Artikel lokal zu kaufen und zu verkaufen.

eBay hat sich als Plattform für Menschen etabliert, die auf der Suche nach einzigartigen, seltenen oder spezialisierten Artikeln sind, sowie für alltägliche Einkäufe. Mit seinem benutzerfreundlichen Interface und seinem umfassenden Angebot bleibt *eBay* ein beliebter Online-Marktplatz für Käufer und Verkäufer aus der ganzen Welt.

eBay Kleinanzeigen, ein beliebter Online-Kleinanzeigenmarkt in Deutschland, wurde in **"Kleinanzeigen"** umbenannt, nachdem die Plattform von *Adevinta*, einem norwegischen Online-Marktplatzspezialisten, übernommen wurde. Diese Änderung erfolgte im Zuge einer größeren Transaktion, bei der *eBay* seine *Kleinanzeigen-Sparte* an *Adevinta* verkaufte.

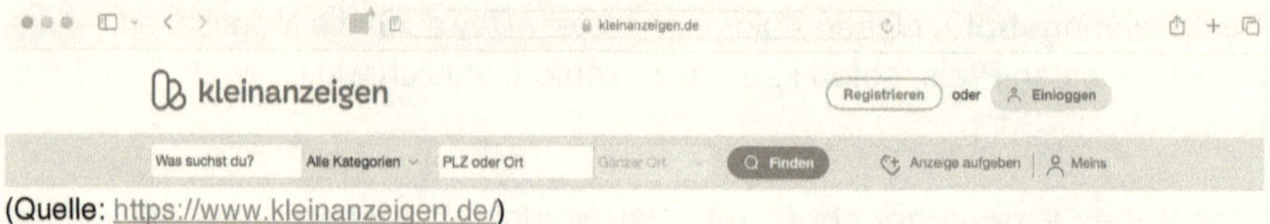

(Quelle: https://www.kleinanzeigen.de/)

eBay Kleinanzeigen war ursprünglich als lokale Plattform für kostenlose Kleinanzeigen konzipiert, auf der Nutzer Artikel kaufen, verkaufen, tauschen und verschenken können. Sie diente auch als Plattform für Dienstleistungen, Stellenangebote und Wohnungsanzeigen. Trotz der Übernahme und der Umbenennung bleibt das grundlegende Konzept und die Funktionsweise der Plattform erhalten, wobei Nutzer weiterhin lokale und regionale Anzeigen kostenlos einstellen und durchsuchen können.

Die Plattform behält ihren starken lokalen Fokus bei, was sie von anderen Online-Marktplätzen unterscheidet, und bleibt eine beliebte Anlaufstelle für Nutzer in Deutschland, die auf der Suche nach lokalen Angeboten und Gelegenheiten sind.

21 Online-Dienstleistungen

Buchung von Reisen, Online-Banking, Versicherungsvergleiche und vieles mehr können bequem online erledigt werden.

Reisen

In Deutschland gibt es mehrere beliebte Websites zur Reisebuchung, die es Nutzern ermöglichen, Flüge, Hotels, Ferienwohnungen, Mietwagen und manchmal auch Pauschalreisen zu suchen und zu buchen. Diese Websites sind für ihre Benutzerfreundlichkeit, ihre umfangreichen Such- und Vergleichsfunktionen sowie für ihre oft attraktiven Angebote bekannt. Zu den meistbesuchten Reisebuchungs-Websites in Deutschland gehören:

Booking.com

Eine der weltweit führenden Online-Reiseagenturen, bekannt für ihre große Auswahl an Unterkünften, von Hotels bis hin zu Ferienwohnungen.

(Quelle: https://www.booking.com/index.de.html)

Expedia

Bietet eine breite Palette an Reisedienstleistungen, einschließlich Flug-, Hotel- und Mietwagenbuchungen sowie Pauschalreisen.

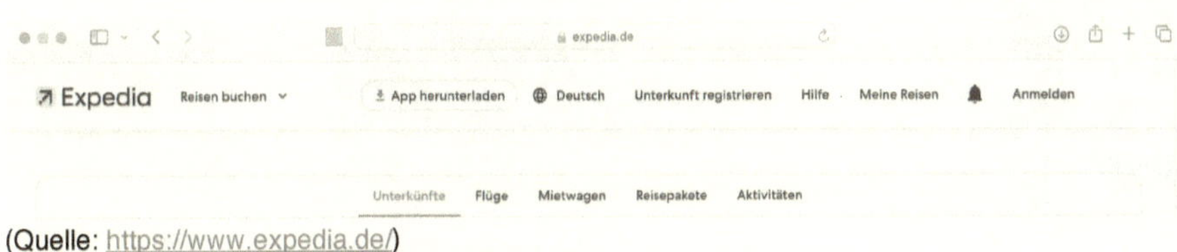

(Quelle: https://www.expedia.de/)

HRS (Hotel Reservation Service)

Spezialisiert auf Hotelbuchungen und bietet eine große Auswahl an Hotels weltweit, oft mit flexiblen Stornierungsbedingungen.

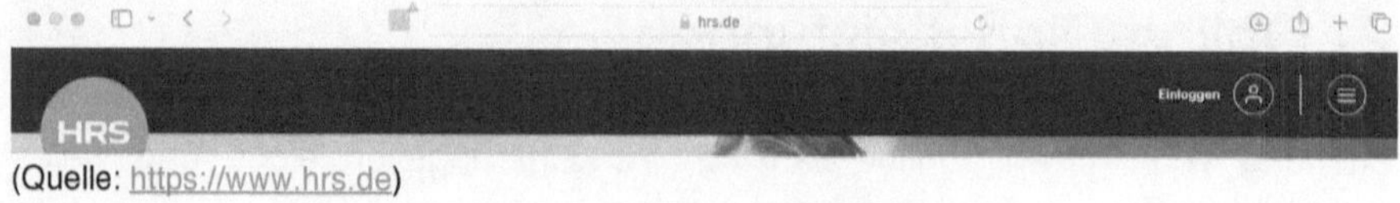

(Quelle: https://www.hrs.de)

Trivago

Eine Metasuchmaschine für Hotels, die Preise von verschiedenen Buchungsseiten vergleicht und den Nutzern hilft, das beste Angebot zu finden.

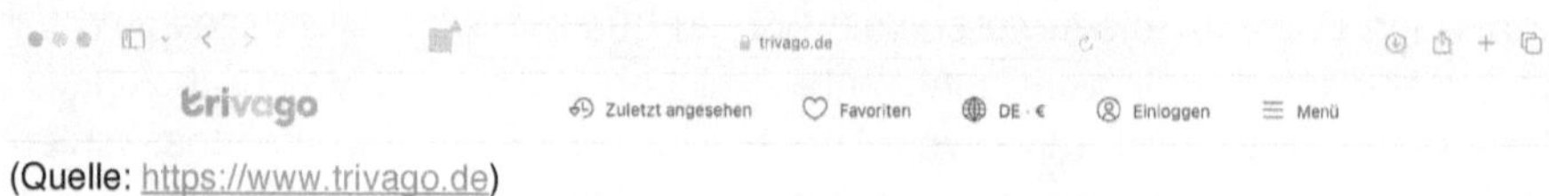

(Quelle: https://www.trivago.de)

Check24

Ein Vergleichsportal, das eine Vielzahl von Dienstleistungen vergleicht, einschließlich Reisen, Flügen, Hotels und Mietwagen.

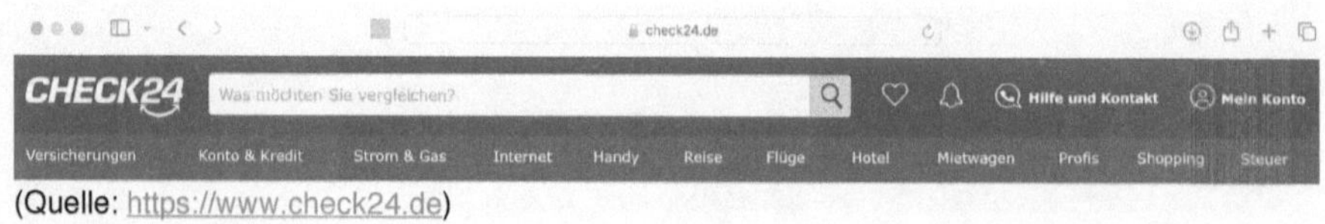

(Quelle: https://www.check24.de)

HolidayCheck

Ein beliebtes Portal für Hotelbewertungen und Reisebuchungen, besonders
nützlich für die Suche nach Pauschalreisen.

(Quelle: https://www.holidaycheck.de)

Opodo

Bietet umfassende Reisebuchungsdienste mit einem Fokus auf Flugtickets,
aber auch Hotelbuchungen, Mietwagen und Pauschalreisen.

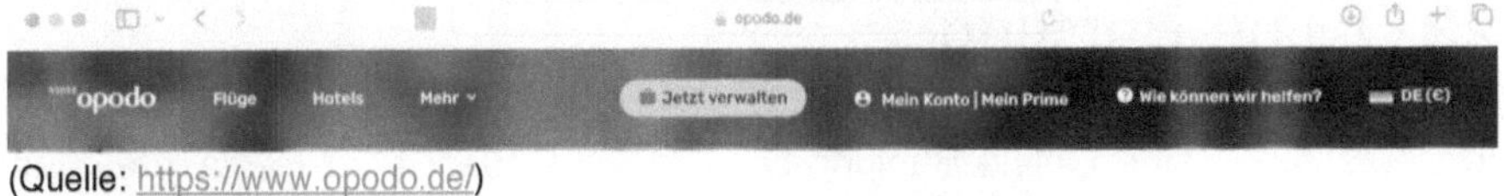

(Quelle: https://www.opodo.de/)

eDreams

Ein weiteres Online-Reisebüro, das günstige Flüge, Hotels, Mietwagen und Flug+Hotel-Kombinationen anbietet.

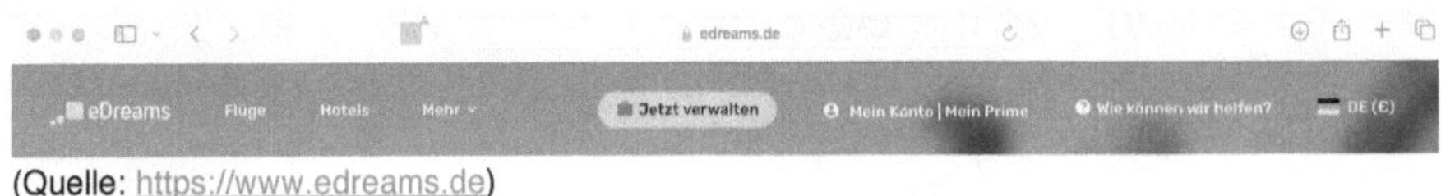

(Quelle: https://www.edreams.de)

Airbnb

Obwohl hauptsächlich als Plattform für Ferienwohnungen bekannt, ist *Airbnb* auch in Deutschland beliebt für die Buchung einzigartiger Unterkünfte.

(Quelle: https://www.airbnb.de/)

Kayak

Eine Reisesuchmaschine, die Preise für Flüge, Hotels und Mietwagen vergleicht und den Nutzern hilft, die besten Angebote zu finden.

(Quelle: https://www.kayak.de)

Diese Websites sind bei deutschen Reisenden beliebt, da sie eine Kombination aus Komfort, Auswahl und oft auch Preisvergleich bieten. Sie ermöglichen es den Nutzern, ihre Reisen nach ihren spezifischen Bedürfnissen und Budgets zu planen und zu buchen. Es ist jedoch immer ratsam, die Bedingungen jeder Buchung sorgfältig zu prüfen, insbesondere in Bezug auf Stornierungsrichtlinien und versteckte Gebühren.

22 Online-Banking

In Deutschland sind Online-Banking-Dienste ein wesentlicher Bestandteil des finanziellen Alltags vieler Menschen. Die meistbesuchten Websites für Online-Banking sind in der Regel die Online-Plattformen der großen, etablierten Banken sowie einiger Direktbanken. Zu den beliebtesten Online-Banking-Websites in Deutschland gehören:

Deutsche Bank Online-Banking

Als eine der größten Banken in Deutschland bietet die *Deutsche Bank* umfassende Online-Banking-Dienste für Privat- und Geschäftskunden.

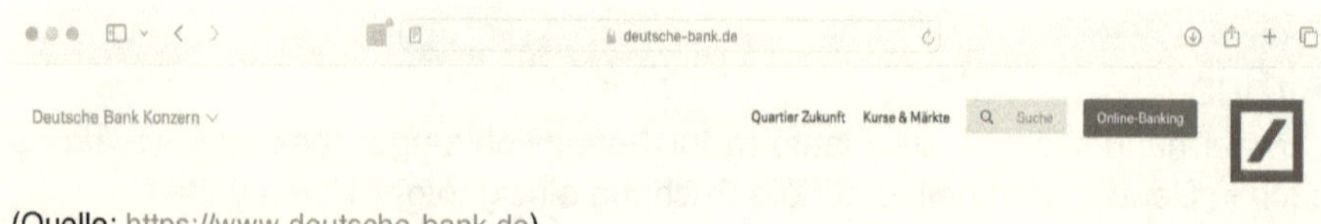

(Quelle: https://www.deutsche-bank.de)

Commerzbank Online-Banking

Eine weitere große deutsche Bank, die ihren Kunden eine sichere und benutzerfreundliche Online-Banking-Plattform bietet.

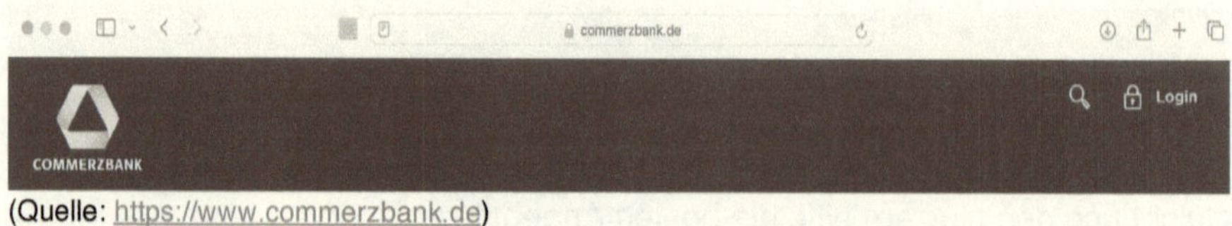

(Quelle: https://www.commerzbank.de)

Sparkasse Online-Banking

Die *Sparkassen-Finanzgruppe* ist eine der größten Bankengruppen in Deutschland, und fast jede *Sparkasse* bietet ihren Kunden individuelle Online-Banking-Dienste an.

(Quelle: https://www.sparkasse.de)

Volksbank/Raiffeisenbank Online-Banking

Die Genossenschaftsbanken bieten ebenfalls umfangreiche Online-Banking-Lösungen, die regional bei den einzelnen *Volks- und Raiffeisenbanken* angesiedelt sind.

(Quelle: https://www.vr.de)

Postbank Online-Banking

Die *Postbank,* ein Teil der *Deutschen Bank Gruppe*, bietet ebenfalls eine umfangreiche und leicht zugängliche Online-Banking-Plattform.

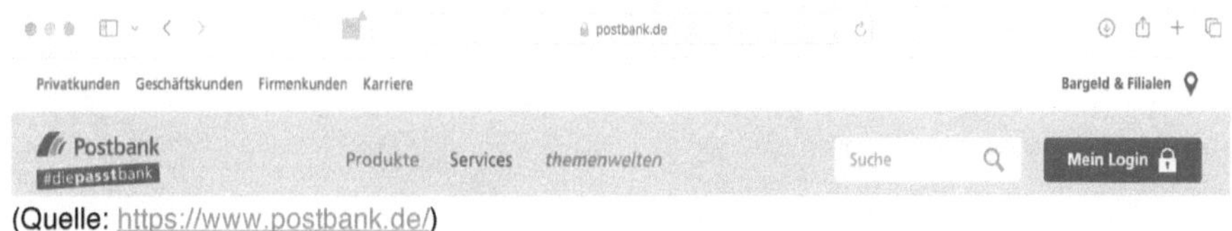

(Quelle: https://www.postbank.de/)

ING (früher ING-DiBa) Online-Banking

Als eine der führenden Direktbanken in Deutschland bietet die *ING* umfangreiche Online-Banking-Services.

(Quelle: https://www.ing.de)

DKB (Deutsche Kreditbank) Online-Banking

Bekannt für ihre kostenlosen Girokonten und attraktiven Konditionen für Online-Banking.

(Quelle: https://www.dkb.de)

Consorsbank Online-Banking

Eine Direktbank, die eine breite Palette von Online-Banking-Dienstleistungen anbietet, einschließlich Girokonten, Sparprodukten und Investmentoptionen.

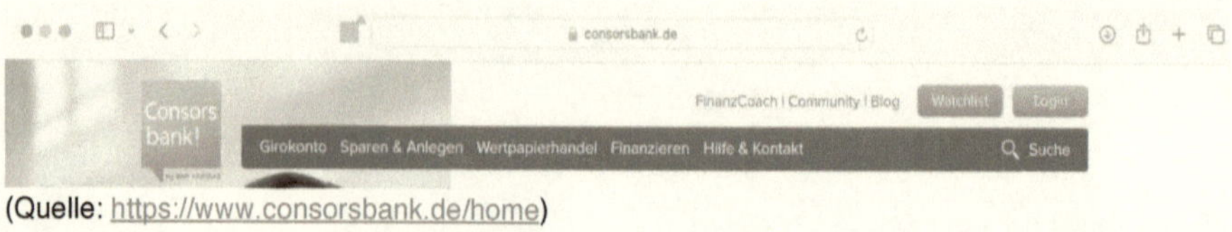

(Quelle: https://www.consorsbank.de/home)

N26

Eine Online-Bank, die mobiles Banking über eine App anbietet und sich durch einfache Bedienung und moderne Banking-Funktionen auszeichnet.

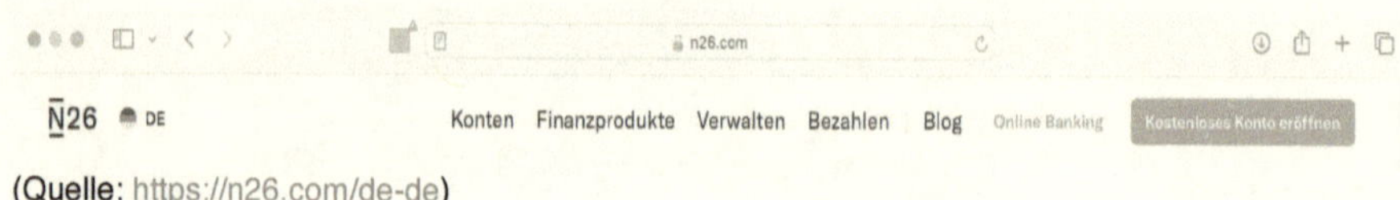

(Quelle: https://n26.com/de-de)

HypoVereinsbank (UniCredit Bank AG) Online-Banking

Bietet eine umfassende Online-Banking-Plattform mit verschiedenen Dienstleistungen für Privat- und Geschäftskunden.

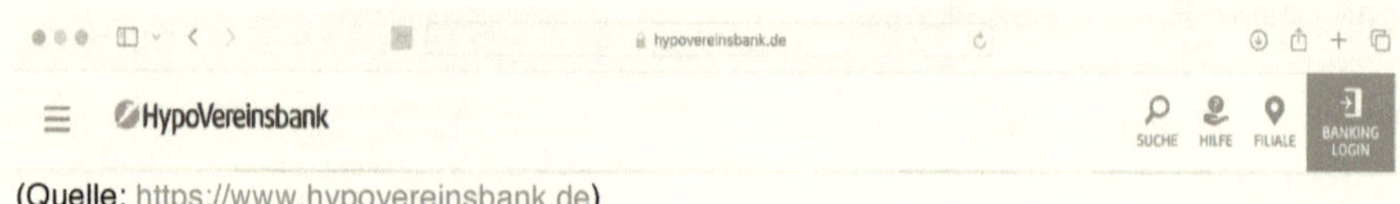

(Quelle: https://www.hypovereinsbank.de)

Diese Banken und viele andere auch, bieten in der Regel eine sichere und komfortable Möglichkeit, Bankgeschäfte wie Überweisungen, Kontostandsabfragen, das Einrichten von Daueraufträgen, Wertpapierhandel und vieles mehr online durchzuführen.

Alle dieser Banken und andere natürlich auch, bieten zudem mobile Banking-Apps an, die den Nutzern erlauben, ihre Bankgeschäfte bequem über ihr Smartphone oder Tablet zu erledigen.

23 Versicherungsvergleichsportale

Versicherungsvergleichsportale sind Online-Plattformen, die es Nutzern ermöglichen, verschiedene Versicherungsprodukte und -tarife von unterschiedlichen Versicherungsgesellschaften zu vergleichen. Diese Portale bieten eine schnelle und bequeme Möglichkeit, eine Vielzahl von Versicherungsangeboten zu überblicken und zu analysieren, was bei der Entscheidung für die passende Versicherung hilft.

Check24

Eines der führenden Vergleichsportale in Deutschland, das eine breite Palette von Versicherungsvergleichen bietet, einschließlich Kfz-, Haftpflicht-, Hausrat-, und Krankenversicherungen.

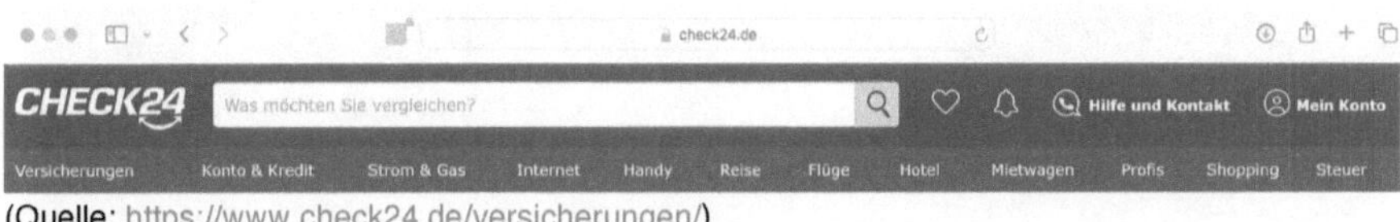

(Quelle: https://www.check24.de/versicherungen/)

Verivox

Bekannt für den Vergleich von Energie-, Telekommunikations- und Versicherungstarifen, einschließlich Kfz- und Haftpflichtversicherungen.

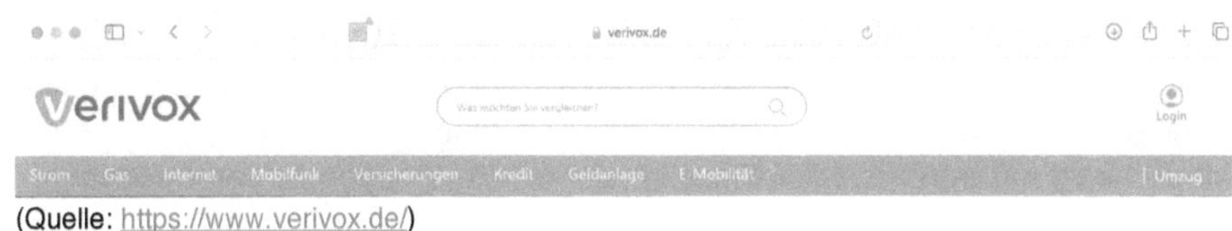

(Quelle: https://www.verivox.de/)

Finanzcheck.de

Bietet neben Kredit- und Finanzprodukten auch Vergleichsmöglichkeiten für verschiedene Versicherungen.

(Quelle: https://www.finanzcheck.de/)

Tarifcheck.de

Ein weiteres bekanntes Portal, das Vergleiche für eine Vielzahl von Versicherungen anbietet.

(Quelle: https://www.tarifcheck.de)

Versicherungscheck24.de

Spezialisiert auf Versicherungsvergleiche und bietet eine detaillierte Analyse der verschiedenen Versicherungsoptionen.

(Quelle: https://vc24.de)

CLARK

CLARK bietet seinen Kunden eine volldigitale Möglichkeit ihre Versicherungen zu verbessern. Nach einem Anmeldeprozess haben Kunden die Möglichkeit, in einem übersichtlichen Versicherungs-Cockpit in der App (*iOS* und *Android*) und auf der Webseite den Status ihrer Versicherungssituation einzusehen. Algorithmusbasiert bietet *CLARK* eine Analyse sämtlicher Tarife des Kunden. *CLARK* durchsucht das Angebot von vielen Versicherungsunternehmen, um für den Kunden die besten Tarife zu identifizieren. Kunden haben im Anschluss die Möglichkeit, mit wenigen Klicks ihre Versicherungssituation zu verbessern.

(Quelle: https://www.clark.de)

Insgesamt bieten Versicherungsvergleichsportale eine effiziente und benutzerfreundliche Möglichkeit, verschiedene Versicherungsoptionen zu evaluieren und so eine fundierte Entscheidung über die passende Versicherungspolice zu treffen.

Wer zum Beispiel nach einem günstigen Handyvertrag sucht oder sich über die Eigenschaften eines Produkts informieren will, kann sich auf Test- und Vergleichsportalen online informieren. Aber auch für die Suche nach einem Dienstleister wie einem guten Arzt oder Reiseveranstalter gibt es Vergleichsportale. Doch nicht alle Portale sind unabhängig und liefern transparent nachvollziehbar die besten Ergebnisse. Oft geht es darum, an Provisionen für abgeschlossene Verträge oder die Vermittlung eines Kaufabschlusses zu verdienen. Auch auf Bewertungen durch andere Kunden ist nicht immer Verlass.

24 Tipps für Verbraucher bei der Nutzung von Vergleichsportalen

Allgemeines

Vergleichsportale im Internet können erheblich zur Zeit- und Kostenersparnis bei der Suche nach einer bestimmten Leistung beitragen. Kenntnis und Berücksichtigung der Funktionsweise der Vergleichsportale helfen Ihnen dabei, effektiv zu suchen und sich richtig zu entscheiden.

Wichtige Informationen

Bedenken Sie bei der Nutzung von Vergleichsportalen, dass diese privaten Unternehmen gehören, die Gewinn erzielen möchten. Das geschieht bei Vergleichsportalen in erster Linie durch Provisionseinnahmen, die sie im Fall einer erfolgreichen Vermittlung von den Anbietern (Energieversorger, Hotels etc.) erhalten.

Kooperationen und Verflechtungen

Berücksichtigen Sie bei Ihrer Suche, dass nicht alle Portale, die im Internet einen Vergleich darstellen, diesen auch selbständig und unabhängig voneinander erstellt haben. Viele Portale nutzen gemeinsame Datensätze und/oder Vergleichsrechner. Führen Sie daher den Vergleich der gesuchten Leistung auf mehreren, unabhängig voneinander agierenden Portalen durch und vergleichen Sie deren Ergebnisse.

Marktabdeckung

Achten Sie auf Informationen des Portals, welche Anbieter tatsächlich in den Vergleich mit einbezogen werden. Berücksichtigen Sie bei Ihrer Suche vor allem, dass manche Anbieter (Versicherungen, Hotels, etc.) gar nicht auf Vergleichsportalen vertreten sind.

Vorauswahl, Position 0 und Ranking

Nutzen Sie bei Ihrem Vergleich die Möglichkeiten, Voreinstellungen der Portale zu verändern, indem Sie beispielsweise Filter anpassen oder eine andere Sortierreihenfolge wählen („Bester Preis zuerst", „Alle anzeigen"). Verlassen Sie sich nicht allein auf die erste vom Portal angezeigte Ergebnisliste.

Berücksichtigen Sie, dass die an oberster Stelle angezeigten, farblich markierten Angebote (Position 0) teilweise nicht Teil des Rankings sind, sondern von den Portalen dort häufig auch zu Werbezwecken platziert werden. Achten Sie beim angezeigten „Gesamtpreis" oder „Effektivpreis" einer Leistung darauf, welche Preisbestandteile darin tatsächlich enthalten sind, welche Bedingungen für einen Cashback o.Ä. zu erfüllen sind und ggfs. auf welchen Vertragszeitraum sich der dargestellte Preis bezieht.

Sonstige Beeinflussungsfaktoren
Lassen Sie sich bei Ihrer Entscheidung nicht von Hinweisen unter Druck setzen, dass ein bestimmtes Angebot nur noch begrenzt verfügbar ist, dass andere Nutzer sich dieses Angebot auch gerade anschauen oder dass eine Preissteigerung erwartet wird. Häufig beziehen sich diese Hinweise nicht konkret auf Ihre individuelle Suche. Sofern für die Buchung eines bestimmten Angebots ein Rabatt, Gutschein, Bonus o.Ä. in Aussicht gestellt wird, prüfen Sie gründlich die Voraussetzungen, den Aufwand und die Wahrscheinlichkeit für den tatsächlichen Erhalt dieses Vorteils, bevor Sie diesen in Ihre Entscheidung einbeziehen. Als „exklusiv" bezeichnete Angebote eines Vergleichsportals sind häufig in gleicher oder sehr ähnlicher Form auch auf anderen Portalen erhältlich.

Nutzerbewertungen
Achten Sie bei Bewertungen darauf, ob diese tatsächlich nur von echten Kunden des Portals abgegeben werden können und wie viele Bewertungen beispielsweise einer „Weiterempfehlungsquote" zugrunde liegen. Beachten Sie, dass Bewertungen teilweise nur von solchen Kunden abgegeben werden können, die über das Portal erfolgreich einen Vertrag abgeschlossen haben.

Hier finden Sie weitere Informationen vom *Bundekartellamt* zu Vergleichsportalen im Internet:
https://www.bundeskartellamt.de/SharedDocs/Publikation/DE/Sektoruntersuchungen/Sektoruntersuchung_Vergleichsportale_Bericht.pdf?__blob=publicationFile&v=7

25 Steuerprogramme

Eine moderne Steuersoftware bietet eine benutzerfreundliche Lösung, um die jährliche Steuererklärung eigenständig und effizient zu bearbeiten. Mit Preisen, zwischen rund 20 und 60 Euro, ermöglichen die Anbieter eine präzise und angepasste Steuererklärung. Die jährliche Steuererklärung – für viele Steuerzahler ist sie eine lästige und oft auch mühsame Pflicht. Die richtige Software oder auch App kann den Prozess wesentlich erleichtern. Ob Einsteiger oder erfahrener Steuerzahler: Für alle Anforderungen gibt es wohl die geeignete Software, die Zeit, Geld und Kopfzerbrechen spart. Von intuitiven Apps für die jüngere Generation bis hin zu umfassenden Programmen für komplexe Steuerfälle hält der Markt viele starke Lösungen bereit.

Folgend gebe ich Ihnen einen kurzen Überblick über die fünf bekanntesten Steuerprogramme in Deutschland im Internet:

Smart Steuer

Smartsteuer ermöglicht die Steuererklärung durch eine Browser-basierte Lösung, die ohne Downloads und Installationen auskommt. Das Programm führt Benutzer durch ein effizientes Interview-System, das schrittweise alle wesentlichen Fragen abdeckt und kontinuierlich die berechnete Steuerrückzahlung anzeigt.

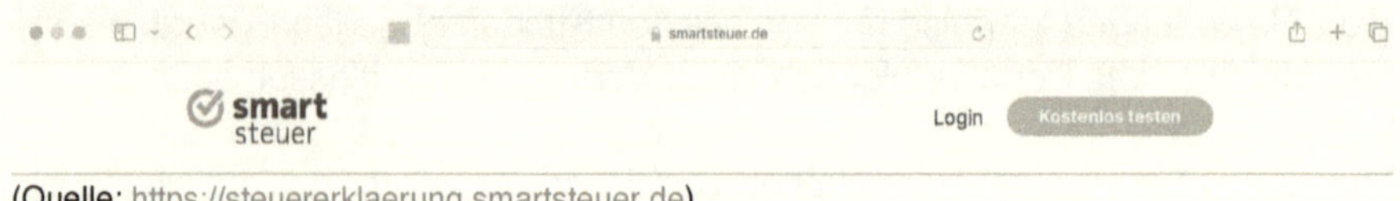

(Quelle: https://steuererklaerung.smartsteuer.de)

WISO Steuer

Die *Wiso-Steuersoftware* besticht durch seine umfangreichen Funktionen und intuitive Bedienbarkeit. Herausgegeben vom renommierten *Buhl Verlag*, bietet es eine beeindruckende Palette an Features, die sowohl in der Software als auch online oder über eine App zugänglich sind.

(quelle: https://www.buhl.de/)

Taxfix

Auch *Taxfix* präsentiert sich als eine benutzerfreundliche Steuersoftware, die sich insbesondere an Steuererstlinge und Personen mit unkomplizierten Steuerfällen richtet. Die Software führt Nutzer durch einen klaren und verständlichen Fragenkatalog, der die Lebens- und Einkommenssituation abdeckt. Im Falle von Unsicherheiten bietet *Taxfix* effektive Unterstützung.

(Quelle: https://taxfix.de/)

Steuertipps

Auch die *SteuerSparErklärung* vereinfacht die Steuererklärung erheblich. Das Programm funktioniert wie ein Quiz, bei dem Nutzer Fragen beantworten, um ihre Daten korrekt einzutragen. Dabei überzeugt es mit einer einfachen, verständlichen Sprache und filtert die erforderlichen Angaben je nach Nutzerprofil.

(Quelle: https://www.steuertipps.de/)

ZASTA

Zasta ist die ideale Lösung für all jene, die auf der Suche nach einem möglichst einfachen Weg durch ihre Steuererklärung sind, ohne dabei in selbstständiger Arbeit oder Vermietung tätig zu sein.

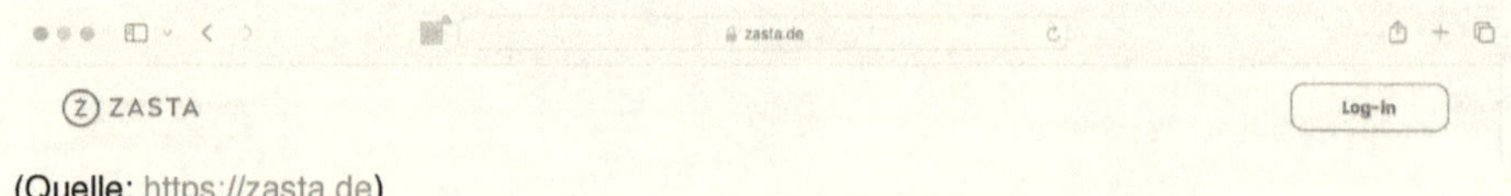

(Quelle: https://zasta.de)

Mit diesen Steuerprogrammen sind Software-Lösungen gemeint, die dabei helfen, die Steuererklärungen zu erstellen. Die zahlreichen Funktionen, Programmverbindungen, Automatismen und Analyse-Tools erleichtern die Berechnungen und gestalten den Prozess schnell und effizient.

26 Arbeit und Produktivität

Cloud-Computing

Dienste wie *Google Drive* oder *Dropbox* ermöglichen das Speichern und Teilen von Dokumenten und den Zugriff von überall.

Google Drive, Dropbox, iCloud und *IDrive* sind Cloud-Speicher und Synchronisationsdienste, die es Benutzern ermöglichen, Dateien in der Cloud zu speichern, darauf zuzugreifen und sie zu teilen. Jeder dieser Dienste hat seine eigenen einzigartigen Funktionen und Vorteile:

Google Drive

Entwickler: *Google*

Beschreibung: Teil von *Googles G Suite*, bietet *Google Drive* Online-Speicherplatz, der eng mit anderen *Google*-Diensten wie *Google Docs, Sheets* und *Slides* integriert ist.

Besonderheiten: Bietet eine großzügige Menge an kostenlosem Speicherplatz und ist besonders effektiv für die Zusammenarbeit in Echtzeit an Dokumenten, Tabellen und Präsentationen.

(Quelle: https://www.google.com/intl/de/drive/)

Dropbox

Entwickler: *Dropbox, Inc.*

Beschreibung: Einer der ersten und bekanntesten Cloud-Speicherdienste, der Benutzern ermöglicht, Dateien in der Cloud zu speichern und zwischen verschiedenen Geräten zu synchronisieren.

Besonderheiten: Einfach zu verwenden, bietet eine nahtlose Integration in viele Anwendungen und Betriebssysteme und ermöglicht die einfache Freigabe von Dateien und Ordnern mit anderen.

(Quelle: https://www.dropbox.com)

iCloud

Entwickler: *Apple Inc.*

Beschreibung: *iCloud* ist der Cloud-Speicherdienst von *Apple,* der speziell für Nutzer von *Apple*-Geräten wie *iPhone, iPad* und *Mac* entwickelt wurde.

Besonderheiten: Bietet nahtlose Integration mit Betriebssystemen wie *iOS* und *macOS*, einschließlich Backup-Diensten für Geräte, Foto- und Dokumentensynchronisation und die Möglichkeit, Standorte von *Apple*-Geräten zu finden.

(quelle: https://www.icloud.com)

IDrive

Entwickler: *IDrive Inc.*

Beschreibung: Ein Cloud-Backup- und Speicherdienst, der sich durch seine umfassenden Backup-Funktionen auszeichnet.

Besonderheiten: Bietet Backup-Lösungen für mehrere Geräte unter einem einzigen Konto, einschließlich PCs, *Macs, iPhones, iPads* und *Android-Geräte*, und unterstützt auch die Sicherung von NAS-Geräten und Servern.

Cloud-Backup: Das Backup in der Cloud ist eine Sicherungsmethode, die das Internet und Server in externen Rechenzentren verwenden. Die Daten werden dabei nicht wie üblich auf eigenen, lokalen Datenträgern wie Festplatten oder anderen Speichermedien abgelegt, sondern per Netzwerk auf Remote-Datenspeicher übertragen.

NAS: Ein NAS (Network Attached Storage) ist ein mit einem Netzwerk verbundenes Speichergerät mit hoher Kapazität, das autorisierten Netzwerk-Benutzern und Kunden das Speichern und Abrufen von Daten an einem zentralen Ort ermöglicht

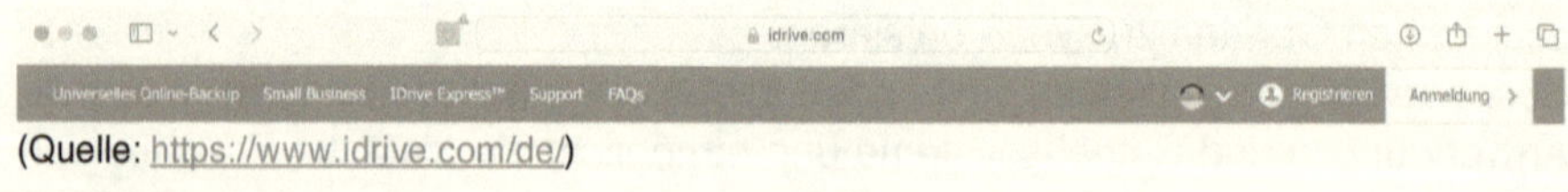

(Quelle: https://www.idrive.com/de/)

OneDrive

Entwickler: *Microsoft.*

OneDrive ist der Speicherdienst von *Microsoft* zum Hosten von Dateien in der "Cloud". Er steht allen Inhabern eines *Microsoft*-Kontos kostenlos zur Verfügung. *OneDrive* bietet Benutzern eine einfache Möglichkeit, verschiedene

Dateitypen zu speichern, zu synchronisieren und mit anderen Personen und Geräten im Internet zu teilen. *Windows 10, Windows 8.1* und *Xbox One* verwenden *OneDrive* auch, um Systemeinstellungen, visuelle Anpassungen, Designs, App-Einstellungen und sogar die Registerkarten von *Microsoft Edge*, den Browserverlauf und gespeicherte Kennwörter zu synchronisieren.

Sie können auf die in Ihrem *OneDrive*-Bereich gespeicherten Dateien direkt über einen Webbrowser oder unter *Windows* direkt über das Betriebssystem zugreifen. Andere Möglichkeiten für den Zugriff auf Ihre *OneDrive*-Dateien sind Apps für *Xbox, macOS, iOS* und *Android*.

(Quelle: https://www.microsoft.com/de-de/microsoft-365/onedrive/download)

Alle diese Dienste bieten verschiedene Tarifpläne, einschließlich kostenloser und bezahlter Optionen, mit unterschiedlichen Speicherkapazitäten und Zusatzfunktionen. Die Wahl des passenden Dienstes hängt von den individuellen Bedürfnissen des Benutzers ab, wie dem gewünschten Speicherplatz, den spezifischen Funktionen, der Gerätekompatibilität und der bevorzugten Benutzeroberfläche.

27 Gesundheit und Wohlbefinden

Gesundheitsinformationen und -dienste: Zugang zu Gesundheitsinformationen, Online-Beratungen und Fitness-Apps.

In Deutschland gibt es eine Reihe beliebter Gesundheits- und Wohlbefinden-Websites, die sich durch zuverlässige Informationen, umfassende Ressourcen und nützliche Tools auszeichnen. Diese Websites bieten Einblicke in verschiedene Gesundheitsthemen, von medizinischen Ratschlägen bis hin zu Wellness- und Fitness-Tipps. Zu den bekanntesten und am häufigsten genutzten gehören:

NetDoktor.de

Eine der führenden Gesundheitswebsites in Deutschland, die umfassende Informationen über Krankheiten, Symptome, Medikamente und allgemeine Gesundheitsthemen bietet. Die Inhalte werden von medizinischen Experten überprüft.

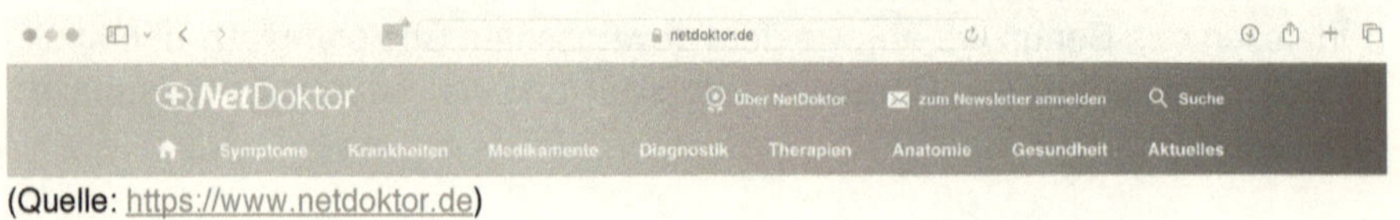

(Quelle: https://www.netdoktor.de)

Apotheken Umschau

Bekannt durch die gleichnamige Zeitschrift, bietet diese Website eine Vielzahl von Gesundheitsinformationen, Ratgeber zu Krankheiten, Ernährungstipps und Informationen zu Medikamenten.

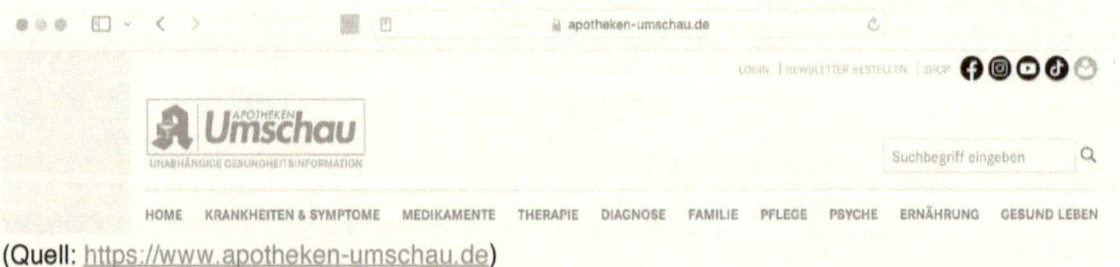

(Quell: https://www.apotheken-umschau.de)

Gesundheit.de

Eine umfangreiche Plattform mit Artikeln zu verschiedenen Gesundheitsthemen, Ernährungsratschlägen und einem Lexikon medizinischer Begriffe.

(Quelle: https://www.gesundheit.de)

Onmeda.de

Bietet verlässliche Informationen zu Gesundheitsthemen, Krankheiten, Symptomen und Behandlungsmöglichkeiten, ergänzt durch ein Gesundheitsforum, in dem Nutzer Fragen stellen und diskutieren können.

(Quelle: https://www.onmeda.de)

DocCheck

Zielt vorrangig auf medizinisches Fachpersonal ab, ist aber auch für Laien eine nützliche Quelle für detaillierte medizinische Informationen.

(Quelle: https://www.doccheckshop.de/)

Fit For Fun

Eine beliebte Website für Fitness, Sport, gesunde Ernährung und Wellness. Bietet viele Artikel, Rezepte und Tipps für einen aktiven und gesunden Lebensstil.

(Quelle: https://www.fitforfun.de)

BZgA (Bundeszentrale für gesundheitliche Aufklärung)

Die offizielle Website der *BZgA* bietet eine Vielzahl von Informationen und Ressourcen zu Gesundheitsförderung und Prävention.

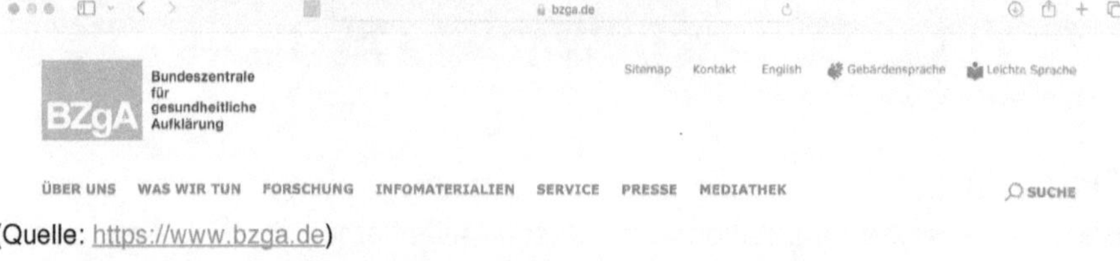

(Quelle: https://www.bzga.de)

Focus Gesundheit

Ein Online-Angebot des bekannten Magazins *Focus*, das Artikel und Ratgeber zu verschiedenen Gesundheitsthemen bereitstellt.

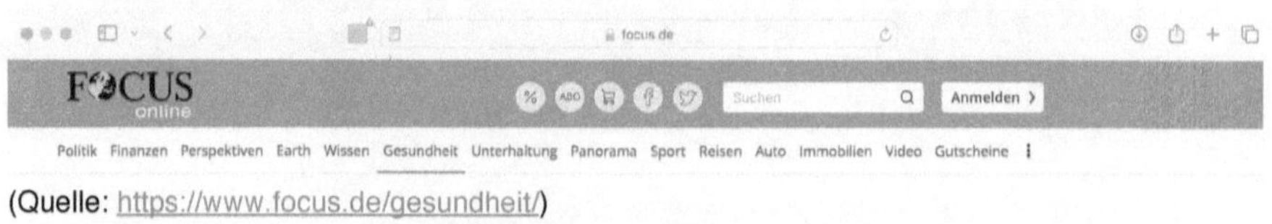

(Quelle: https://www.focus.de/gesundheit/)

Haelthrise - Mein Gesundheitsportal

Bietet Informationen und praktische Tipps zu einer breiten Palette von Gesundheitsthemen, darunter Krankheitsbilder, Vorsorge und gesunde Lebensweis Eine Website, die sich auf Gesundheit, Fitness, Ernährung und Wohlbefinden konzentriert und dabei eine ganzheitliche Perspektive verfolgt.

(Quelle: https://www.health-rise.de)

Vital.de

Eine Website, die sich auf Gesundheit, Fitness, Ernährung und Wohlbefinden konzentriert und dabei eine ganzheitliche Perspektive verfolgt.

(Quelle: https://www.vital.de/)

Dies sind nur ein paar Beispiele von Web-Seiten die in Deutschland beliebt für ihre vertrauenswürdigen Gesundheitsinformationen und praktischen Tipps sind. Wie immer ist es jedoch wichtig, sich bei spezifischen Gesundheitsfragen an qualifizierte medizinische Fachkräfte zu wenden.

Weiter finden Sie auch Angebote bei den lokalen Krankenkassen wie hier zum Beispiel:

AOK

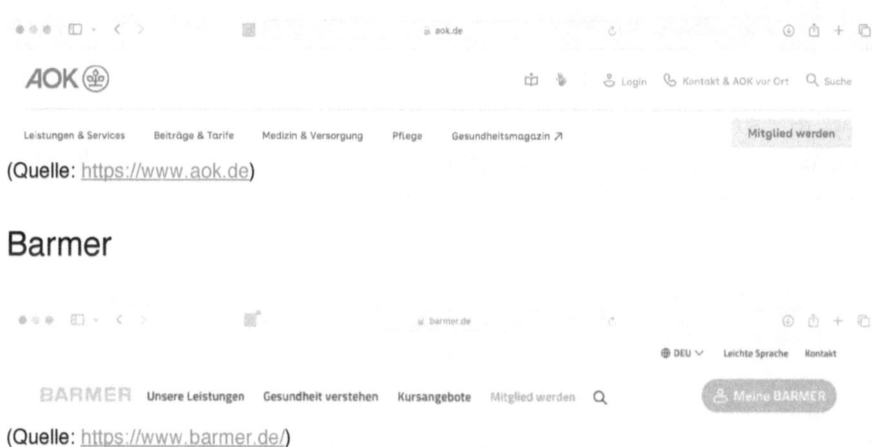

(Quelle: https://www.aok.de)

Barmer

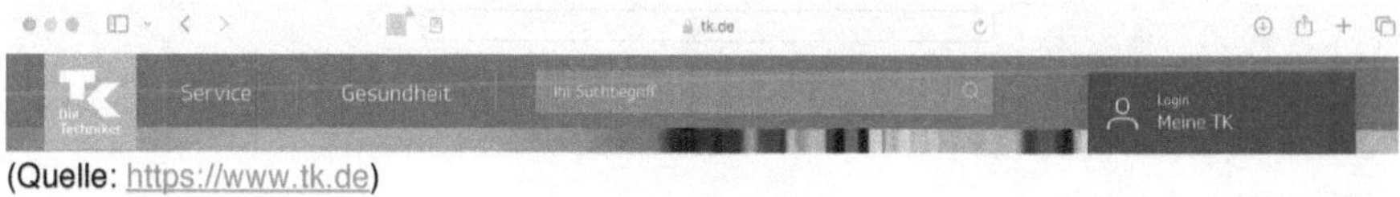

(Quelle: https://www.barmer.de/)

Techniker Krankenkasse

(Quelle: https://www.tk.de)

28 Fitness-Apps

Runtastic (Adidas Running)

Eine beliebte App für Lauf- und Fitnessaktivitäten, die Funktionen wie Tracking, Analyse und Community-Features bietet.

(Quelle: https://www.runtastic.com)

Freeletics

Bekannt für hochintensive Workouts, bietet personalisierte Trainingspläne und Übungen, die ohne Geräte durchgeführt werden können.

(Quelle: https://www.freeletics.com/)

MyFitnessPal

Eine umfassende Fitness- und Ernährungs-Tracking-App, die bei der Überwachung der Nahrungsaufnahme und der Fitnessziele hilft.

(Quelle: https://www.myfitnesspal.com/de)

Fitbit

Neben den Fitness-Trackern bietet *Fitbit* auch eine App an, die Aktivitäten, Schlaf und Ernährung überwacht.

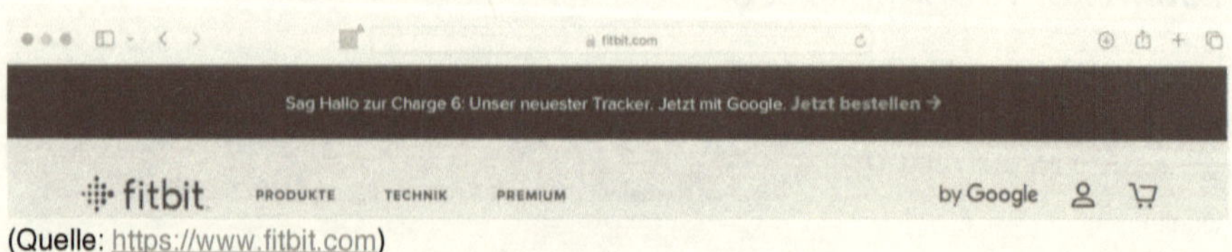

(Quelle: https://www.fitbit.com)

Und viele mehr. Um die aktuellsten und spezifischsten Informationen zu erhalten, würde ich vorschlagen, Online-Recherchen, speziell in Bereichen für ältere Menschen durchzuführen oder aktuelle Berichte und Studien zu den beliebtesten Fitness-Apps für ältere Menschen in Deutschland zu konsultieren.

29 Mentale Gesundheit und Meditation

Plattformen wie die als Beispiel im Folgenden aufgeführt, bieten geführte Meditationen und Unterstützung zur Förderung des mentalen Wohlbefindens.

In Deutschland gibt es einige spezialisierte Websites, die sich auf mentale Gesundheit, psychisches Wohlbefinden und Meditation konzentrieren. Diese Websites bieten Ressourcen wie informative Artikel, Selbsthilfe-Tipps, Online-Kurse und manchmal auch direkten Zugang zu therapeutischer Beratung. Zu den meistbesuchten und geschätzten gehören:

Psychotherapie-Informationsdienst (PID)
Diese Website bietet eine umfangreiche Datenbank von Psychotherapeuten in Deutschland und zahlreiche Informationen über psychotherapeutische Behandlungsmöglichkeiten.

Palverlag.de
Bekannt für seine vielen kostenlosen Selbsthilfe-Ressourcen und Artikel zu Themen wie Angstbewältigung, Stressmanagement und Depression.

MindDoc
Eine App und Plattform, die psychologische Online-Beratung und Therapie bietet, sowie viele Informationen und Selbsttests zu psychischen Störungen.

7Mind
Eine beliebte Meditation-App, die Kurse und Anleitungen zur Meditation und Achtsamkeit bietet, um das allgemeine Wohlbefinden zu fördern.

Psychologie Heute
Die Website des Magazins bietet Artikel und Beiträge zu verschiedenen Themen der Psychologie und mentalen Gesundheit.

Balance - Meditation & Schlaf
Eine App, die sich auf Meditation, Entspannung und Schlafverbesserung spezialisiert hat.

Stiftung Deutsche Depressionshilfe

Bietet umfassende Informationen über Depressionen, einschließlich Diagnose, Behandlungsmöglichkeiten und Möglichkeiten zur Selbsthilfe.

Therapie.de

Eine Plattform zur Suche von Psychotherapeuten und psychologischen Beratern in Deutschland, ergänzt durch informative Artikel zu psychischen Erkrankungen und Therapiemöglichkeiten.

Headspace (Deutsche Version)

Eine international bekannte Meditation-App, die auch in deutscher Sprache verfügbar ist und Anleitungen zur Meditation und Achtsamkeit bietet.

Instahelp

Bietet psychologische Onlineberatung und unterstützt Menschen dabei, schnelle und unkomplizierte psychologische Hilfe zu erhalten.

Diese Websites und Apps sind beliebt für ihre qualitativ hochwertigen Inhalte und Dienstleistungen, die auf die Förderung der mentalen Gesundheit und das Wohlbefinden ausgerichtet sind. Sie können eine wertvolle Ressource für Menschen sein, die Unterstützung bei mentalen Gesundheitsfragen suchen oder einfach nur ihre Meditations- und Achtsamkeitspraxis vertiefen möchten. Dennoch ersetzen sie nicht die professionelle Behandlung durch qualifizierte Gesundheitsfachkräfte, insbesondere bei schweren psychischen Erkrankungen.

Die Nutzung des Internets hat sich ständig weiterentwickelt und bietet immer neue Möglichkeiten und Dienste. Es hat sich zu einem unverzichtbaren Werkzeug in vielen Aspekten des täglichen Lebens entwickelt, von der Bildung über die Arbeit bis hin zur Freizeitgestaltung.

30 E-Mail-Verwendung
Einrichten eines E-Mail-Kontos

Hier ein Beispiel eines Schritt-für-Schritt-Leitfaden für das Einrichten eines E-Mail-Kontos:

Wählen Sie einen E-Mail-Anbieter aus

Entscheiden Sie sich für einen E-Mail-Anbieter wie *Gmail, Outlook, Yahoo Mail* oder *iCloud Mail*, basierend auf Zuverlässigkeit, Speicherkapazität, Benutzeroberfläche und Sicherheit.

Richten Sie Ihr E-Mail-Konto ein

Besuchen Sie die Website des gewählten Anbieters und klicken Sie auf "Konto erstellen". Geben Sie Ihre persönlichen Daten, eine gewünschte E-Mail-Adresse und ein sicheres Passwort ein.

Erstellen Sie ein starkes Passwort

Verwenden Sie eine Mischung aus Groß- und Kleinbuchstaben, Zahlen und Sonderzeichen, und aktualisieren Sie es regelmäßig.

Personalisieren Sie Ihr E-Mail-Konto

Fügen Sie ein Profilbild hinzu, erstellen Sie eine E-Mail-Signatur, passen Sie das Thema und Layout an, und richten Sie Ordner und Labels für eine effektive Organisation ein.

Fügen Sie Kontakte zum Adressbuch hinzu

Speichern Sie wichtige Kontakte in Ihrem Adressbuch, um die Kommunikation zu vereinfachen.

Verwalten Sie Ihre E-Mail-Einstellungen

Passen Sie Einstellungen wie Benachrichtigungen, Sprache, Autoresponder und Datenschutzeinstellungen an Ihre Bedürfnisse an.
Autoresponder sind kleine Programme, die einen vorgefertigten Text verschicken, wenn an eine bestimmte Mailadresse eine E-Mail geschickt wird.

Senden und Empfangen von E-Mails

Verfassen Sie E-Mails mit Betreff und Nachricht, fügen Sie Anhänge hinzu und verwenden Sie die Such- und Filteroptionen, um spezifische E-Mails schnell zu finden.

Organisieren Sie E-Mails in Ordnern

Erstellen Sie spezifische Ordner für verschiedene Arten von E-Mails, um Ihr Postfach übersichtlich zu halten.

Verwenden Sie Filter und Regeln

Automatisieren Sie die Verwaltung Ihres Posteingangs mit Filtern und Regeln, um E-Mails basierend auf bestimmten Kriterien zu organisieren.

Richten Sie automatische Antworten ein

Verwenden Sie automatische Antworten oder Abwesenheitsnachrichten, um Ihre Verfügbarkeit zu kommunizieren, wenn Sie nicht erreichbar sind.

Diese Schritte bieten einen umfassenden Leitfaden zum Einrichten und Verwalten eines E-Mail-Kontos, um die digitale Kommunikation effizient und sicher zu gestalten. Für weitere detaillierte Anleitungen können Sie die Seite *https://www.digital-kompass.de* oder *https://robots.net* besuchen.

31 Senden, Empfangen und Organisieren von E-Mails

Bei E-Mails, insbesondere das Senden, Empfangen und Organisieren von E-Mails, können Sie folgende Punkte beachten:

Senden von E-Mails

Dies umfasst das Erstellen einer neuen E-Mail, das Hinzufügen von Empfängern, das Verfassen einer Nachricht und das Anhängen von Dateien. Sie sollten den Prozess des Schreibens einer Betreffzeile und die Bedeutung einer klaren und präzisen Nachrichtenformulierung erläutern.

Empfangen von E-Mails

Hierbei geht es um das Überprüfen des Posteingangs, das Öffnen und Lesen von E-Mails sowie das Beantworten oder Weiterleiten von Nachrichten. Die Wichtigkeit von Spamfiltern und das Verwalten von unerwünschten E-Mails sollten ebenfalls behandelt werden.

Organisieren von E-Mails

Dies beinhaltet das Erstellen von Ordnern oder Labels, das Verschieben von E-Mails in diese Ordner zur besseren Übersichtlichkeit und das Archivieren oder Löschen alter Nachrichten. Sie können auch auf Funktionen wie das Markieren von E-Mails als wichtig oder das Einrichten von Regeln zur automatischen Nachrichtenverwaltung eingehen.

Für jedes dieser Themen finden Sie im Internet praktische Beispiele und Anleitungen, eventuell mit Screenshots oder Schritt-für-Schritt-Anleitungen, um die Konzepte zu verdeutlichen. Sie können dazu auf folgende vertrauenswürdigen Online-Ressourcen zugreifen die weitere Informationen oder Tutorials bieten.

Web.de E-Mail Einrichtung

Offizielle Hilfeseite: *Web.de* Hilfe

https://hilfe.web.de/

Hier finden Sie Anleitungen zur Einrichtung Ihres Web.de E-Mail-Kontos, zum Senden und Empfangen von E-Mails sowie zu weiteren Funktionen.

Gmail (Google Mail) Einrichtung

Offizielle Google Support-Seite: *Gmail*-Hilfe

https://support.google.com/mail

Auf dieser Seite erhalten Sie umfassende Anleitungen und Tipps zur Verwendung von *Gmail,* einschließlich der Einrichtung Ihres Kontos und der Nutzung verschiedener E-Mail-Funktionen.

Outlook E-Mail Einrichtung

Offizielle *Microsoft* Support-Seite: *Outlook*-Hilfe & -Lernen

https://support.microsoft.com/de-de/outlook

Diese Seite bietet detaillierte Anleitungen zur Verwendung von *Outlook*, einschließlich der Einrichtung von E-Mail-Konten, der Organisation Ihres Posteingangs und weiterer Funktionen.

Folgt finden Sie eine kurze Schritt-für-Schritt-Anleitungen für das Einrichten, Senden und Empfangen von E-Mails mit *Google Mail (Gmail), Web.de* und *Outlook.*

Gmail (Google Mail)

Einrichten:
- Öffnen Sie *Gmail* in Ihrem Webbrowser *https://mail.google.com/*
- Melden Sie sich mit Ihrem *Google*-Konto an oder erstellen Sie ein neues Konto, falls Sie noch keines haben.
- Nach der Anmeldung wird Ihr *Gmail*-Posteingang angezeigt.

E-Mail senden:
- Klicken Sie auf den „Schreiben"-Button in der oberen linken Ecke.
- Geben Sie im Feld „An" die E-Mail-Adresse des Empfängers ein.
- Fügen Sie einen Betreff hinzu und schreiben Sie Ihre Nachricht.
- Klicken Sie auf „Senden".

E-Mail empfangen:
- Eingehende E-Mails erscheinen automatisch in Ihrem Posteingang.
- Klicken Sie auf eine E-Mail, um sie zu öffnen und zu lesen.

Web.de

Einrichten:

- Besuchen Sie *Web.de* https://web.de/
- Wählen Sie „Kostenlos registrieren", um ein neues Konto zu erstellen, oder melden Sie sich an, wenn Sie bereits ein Konto haben.
- Folgen Sie den Anweisungen zur Einrichtung Ihres E-Mail-Kontos.

E-Mail senden:

- Klicken Sie im *Web.de*-Postfach auf „E-Mail schreiben".
- Geben Sie die E-Mail-Adresse des Empfängers, den Betreff und Ihre Nachricht ein.
- Klicken Sie auf „Senden".

E-Mail empfangen:

- Neue E-Mails werden in Ihrem Posteingang angezeigt.
- Klicken Sie auf eine E-Mail, um sie zu öffnen.

Outlook.com

Einrichten:

- Besuchen Sie *Outlook.co*m oder öffnen Sie die *Outlook*-Anwendung.
- https://outlook.com/
- Melden Sie sich mit Ihrem *Microsoft*-Konto an oder erstellen Sie ein neues Konto.
- Folgen Sie den Anweisungen zur Einrichtung Ihres *Outlook*-E-Mail-Kontos.

E-Mail senden:

- Klicken Sie auf „Neue Nachricht".
- Geben Sie im Feld „An" die E-Mail-Adresse des Empfängers ein.
- Fügen Sie einen Betreff hinzu und verfassen Sie Ihre Nachricht.
- Klicken Sie auf „Senden".

E-Mail empfangen:

- Neue E-Mails erscheinen in Ihrem Posteingang.
- Klicken Sie auf eine E-Mail, um sie zu öffnen.

Für detailliertere Anleitungen oder um spezifische Funktionen zu nutzen, empfehle ich ihnen, die Hilfeseiten oder offiziellen Anleitungen der jeweiligen Dienste zu konsultieren.

32 E-Mail-Sicherheit

Das sichere Verwalten von E-Mails ist entscheidend, um Ihre persönlichen Informationen und Ihre digitale Identität zu schützen. Hier sind wichtige Strategien und Praktiken, um Ihre E-Mail-Kommunikation sicher zu gestalten:

Starke und einzigartige Passwörter

Komplexe Passwörter: Verwenden Sie lange Passwörter, die eine Kombination aus Buchstaben, Zahlen und Sonderzeichen enthalten.

Verschiedene Passwörter für verschiedene Konten: Verwenden Sie für jedes E-Mail-Konto ein einzigartiges Passwort, um das Risiko zu minimieren, falls eines Ihrer Passwörter kompromittiert wird.

Zwei-Faktor-Authentifizierung (2FA)

Zusätzlicher Schutz: Aktivieren Sie, wenn möglich, die Zwei-Faktor-Authentifizierung für Ihr E-Mail-Konto. Dies fügt eine zusätzliche Sicherheitsebene hinzu, indem neben Ihrem Passwort ein weiterer Authentifizierungsfaktor, wie ein Code, der an Ihr Handy gesendet wird, erforderlich ist.

Vorsicht bei Phishing-Versuchen

Skepsis gegenüber verdächtigen E-Mails: Seien Sie vorsichtig mit E-Mails, die nach persönlichen Informationen fragen, Dringlichkeit vortäuschen oder von unbekannten Absendern stammen.

Den Begriff Phishing erläutere ich in einem separaten Kapitel ausführlicher.

Regelmäßiges Aktualisieren des E-Mail-Clients

Software-Updates: Stellen Sie sicher, dass Ihr E-Mail-Client oder Webmail-Dienst regelmäßig aktualisiert wird. Updates schließen Sicherheitslücken und bieten Schutz vor neuen Bedrohungen.

Sicheres Verwenden öffentlicher und geteilter Computer

Vorsicht auf öffentlichen Computern: Vermeiden Sie es, auf öffentlichen oder geteilten Computern auf Ihre E-Mail-Konten zuzugreifen. Wenn es unvermeidlich ist, vergewissern Sie sich, dass Sie sich nach der Nutzung abmelden und den Browserverlauf löschen. Ebenso niemals das Passwort speichern, sondern eine solche Abfrage auf öffentlichen Computern immer mit „Nie" klicken.

Sichere Netzwerkverbindungen

Verwendung eines VPN: Ein Virtuelles Privates Netzwerk (VPN) kann die Sicherheit erhöhen, wenn Sie über öffentliches WLAN auf Ihre E-Mails zugreifen.

Backup wichtiger E-Mails

Datensicherung: Sichern Sie wichtige E-Mails regelmäßig. Dies kann über eine lokale Speicherung auf Ihrem Computer oder über einen Cloud-Dienst erfolgen.

Vorsicht bei E-Mail-Anhängen und Links

Überprüfung von Anhängen: Seien Sie vorsichtig beim Öffnen von E-Mail-Anhängen, besonders wenn diese von unbekannten Absendern stammen.

Prüfen von Links:

Überprüfen Sie die URL von Links in E-Mails, **bevor** Sie darauf klicken, um sicherzustellen, dass sie zu legitimen und sicheren Websites führen.

Indem Sie diese Praktiken anwenden, können Sie das Risiko von E-Mail-bezogenen Sicherheitsbedrohungen wie Phishing, Malware und Identitätsdiebstahl erheblich reduzieren. Das sichere Verwalten von E-Mails ist ein wesentlicher Bestandteil der allgemeinen Online-Sicherheit.

33 Was sind Phishing-E-Mails

Erkennen von Phishing-E-Mails: Phishing-E-Mails sind betrügerische Nachrichten, die darauf abzielen, Empfänger zur Preisgabe sensibler Informationen wie Passwörter oder Kreditkartennummern zu verleiten. Solche E-Mails imitieren oft legitime Quellen wie Banken oder bekannte Websites, um glaubwürdig zu erscheinen. Zu den wichtigsten Indikatoren für Phishing-E-Mails gehören allgemeine Begrüßungen, Rechtschreib- und Grammatikfehler, dringende oder bedrohliche Sprache, die den Empfänger zu schnellem Handeln drängt, verdächtige Links oder Anhänge und E-Mail-Adressen des Absenders, die nicht mit der behaupteten legitimen Organisation übereinstimmen.

Hier ein paar Beispiele die ich im nächsten Kapitel detailliert erkläre:

Gängige Arten von Phishing-Angriffen

Es gibt verschiedene Arten von Phishing-Angriffen, die Sie kennen sollten, darunter:

Deceptive Phishing

Hier geben sich Betrüger als legitime Einheiten aus und fordern sensible Daten.

Spear Phishing

Eine personalisierte Form des betrügerischen Phishings, bei der spezifische Details über das Opfer verwendet werden.

CEO Fraud/Business Email Compromise (BEC)

Hierbei geben sich Angreifer als Unternehmensführungskräfte aus, um betrügerische finanzielle Transaktionen zu veranlassen.

Pharming

Hierbei wird die Domain einer Website gekapert und zu einer falschen Seite umgeleitet.

Cloud Storage Phishing

Betrüger imitieren populäre Cloud-Dienste, um Benutzer zum Klicken auf einen Link zu verleiten, der zu einer betrügerischen Seite führt.

34 Wie funktioniert Phishing?

Phishing-Angriffe folgen oft diesen Schritten:

1. Zielbestimmung und Strategieentwicklung,
2. Erstellung gefälschter E-Mails oder Webseiten,
3. Versand von Nachrichten, die für die Opfer vertrauenswürdig erscheinen,
4. Überwachung und Sammlung der bereitgestellten Daten,
5. Verwendung der gesammelten Daten für illegale Aktivitäten wie Identitätsdiebstahl.

Was ist eine Phishing Attacke?

Zunächst ist es eine prominente Form des Identitätsdiebstahls mit Hilfe der Kommunikationswege E-Mail, Websites, SMS oder Telefon. Die Angreifer versuchen anhand von hoch entwickelten Techniken der sozialen Manipulation (Social Engineering), ihre Opfer zur Herausgabe sensibler Informationen zu bewegen. Dabei orientieren sich die Täter mit ihren Phishing Kampagnen häufig an gesellschaftlichen Ereignissen und aktuellen Themen. Populäre sind Themen, die bei der Bevölkerung mit Unsicherheit belastet sind, wie zum Beispiel Geldanalage oder Steuerangelegenheiten.

Die gängigsten Phishing Attacken – Wissen schützt

Es gibt eine große Vielfalt an ausgefeilten Techniken und Cyberkriminelle sind sehr erfinderisch, wenn es darum geht, diese zu verbessern. Zu Ihrem Schutz ist es wichtig, die gängigsten Vorgehensweisen zu studieren. Wenn Sie damit vertraut sind, werden Sie eine Grundsensibilität entwickeln, mit der Sie auch neue Formen von Phishing Attacken leichter erkennen.

Deceptive Phishing

Deceptive Phishing funktioniert mithilfe des Domain Spoofing (deutsch: Täuschung, Verschleierung, Manipulation). Dabei wird die Domain eines Unternehmens oder einer Organisation vorgetäuscht. Um die User auf diese Domain zu bringen, werden E-Mails versandt – entweder mit dem Absender der Domain oder Fake-Adressen Ihrer Freunde, Kollegen oder sonstiger vertrauter Kontakte. Der Inhalt der E-Mail kann einen glaubwürdigen Text mit einem Link enthalten oder nur einen Link. Der ist entweder anklickbar oder nicht aktiv, so dass ihn der Empfänger in die Webadressleiste kopieren muss. In diesem Fall ist es sogar für Sicherheitsfilter schwer, den Phishing Versuch zu erkennen. Auf der Website angelangt, wird der Besucher nun dazu verleitet, persönliche Daten preiszugeben. Zu beachten ist dabei, dass Links, die auf HTTPS gesicherte Domains verweisen, genauso gefährlich sein können. Heute werden fast zwei Drittel aller Phishing Websites über HTTPS Verschlüsselung bereitgestellt. Gängige Beispiele für Domain Spoofing sind Datenschutzanfragen, Gewinnspiele, Sicherheitsüberprüfungen, Datenupdate und Kontoeinschränkungen. Auch Datei-Sharing-Anbieter oder Dienstleister zur Internet-Datenübertragung werden für Phishing-Zwecke gefaked (Informationen fälschen oder übertrieben darstellen). Die Cyberkriminellen setzen hier darauf, dass Menschen bekannte Unternehmen, Kollegen, Freunde oder sonstige wichtige Kontakte, weniger hinterfragen und deren Aufforderungen grundsätzlich gerne Folge leisten.

Dagegen hilft nur: Folgen Sie grundsätzlich keinen Links, die Sie per Mail erhalten. Gehen Sie immer separat auf die Website und kopieren Sie keine Links in die Browser-Suchliste.

Pharming

Angenommen, Sie haben aufgepasst und die erhaltene E-Mail überprüft. Sie haben die Absender-Adresse und den Link auf seine Vertrauenswürdigkeit gecheckt und somit zunächst alles richtig gemacht. Allerdings sind Sie dann noch lange nicht vor einer Phishing Attacke geschützt, denn die Cyberkriminellen wissen, dass die Benutzer dazulernen und greifen zu immer perfideren Methoden, wie eben das Pharming. Dabei schicken sie betrügerische E-Mails von authentischen Quellen und fordern Sie beispielsweise auf, eine Passwortänderung auf Ihrem Konto durchzuführen. Das Tückische daran ist, dass der Link auf den Sie klicken sollen, dieselbe Webadresse wie das Original verwendet, Sie aber auf eine gefälschte Website weitergeleitet werden. Das geschieht entweder durch Infektion Ihres Computers, womit Sie sich durch Security Software, wie *Kaspersky* oder *McAfee* sie anbietet, schützen können. Oder durch Manipulation eines DNS-Servers, so dass die vom Benutzer eingegebene, korrekte Internetadresse in eine falsche IP-Adresse umgewandelt wird. So landet das Opfer auf einer Fake Website und gibt unbedarft seine Daten Preis.

Hier können Sie nur eines tun: die Website selbst auf ihre Vertrauenswürdigkeit prüfen, bevor Sie sensible Daten eingeben.

Spear Phishing

Beim Spear Phishing greifen die Täter nicht mit Spam ähnlichen E-Mails Massen von Usern an, sondern richten sich an ganz bestimmte Personen innerhalb eines Unternehmens. Sie verwenden Social-Engineering Techniken, um ihre E-Mails auf ihre Opfer maßzuschneidern. Beispielsweise gestalten sie die Texte der Betreffzeilen in den E-Mails so, dass sie für das Opfer interessante Themen enthalten. Viele lassen sich dadurch leicht verleiten, die Mail zu öffnen und anschließend auf Links und Anhänge zu klicken. Das Ziel ist, Daten zu stehlen oder den Computer des Empfängers mit Malware zu infizieren. Damit können die Angreifer Zugang zum Netzwerk und zu den Accounts der Empfänger bekommen.

Diese Attacken sind so sehr an den Adressaten angepasst, dass traditionelle Spamfilter sie in der Regel nicht erkennen. Deshalb ist es besonders wichtig, dass Sie Ihre Mails prüfen und stets gesundes Misstrauen walten lassen.

CEO Fraud oder Business Email Compromise

Die beiden Begriffe werden dafür verwendet, wenn die Phishing Attacke vortäuscht, dass der Geschäftsführer oder Vorstand eine streng vertrauliche Sache mit einem Mitarbeiter per E-Mail anbahnen will. Dazu schicken die Cyberkriminellen eine E-Mail an einen untergeordneten Mitarbeiter, der in der Buchhaltungs- oder Finanzabteilung arbeitet und geben sich dabei als CEO der Firma aus. In der Hoffnung, dass der Mitarbeiter arglos genug ist, fordern Sie ihn auf, Geld auf ein gefälschtes Konto zu überweisen. Die Täter setzen dabei darauf, dass Mitarbeiter E-Mails von „der oberen Führungsetage" generell mit wenig Misstrauen begegnen. Es kann sich dabei natürlich auch um leitende Angestellte oder Handelspartner handeln, deren Anweisungen der Betroffene Folge leisten würde.

Damit es nicht so weit kommt, sollten Sie erhaltene E-Mails auf jeden Fall prüfen, wenn Vorgesetzte Ihnen darin Anweisungen geben, die nicht dem üblichen Gebaren entsprechen oder Geldtransfers betreffen. Checken Sie die Richtigkeit des Mail-Absenders und der Signatur. Prüfen Sie, ob der Text, der üblichen Art Ihres CEOs entspricht und rufen Sie ihn im Zweifel direkt an.

Whaling

Beim Whaling haben die Täter jeweils eine ausgewählte, hochrangige Führungskraft, wie einen CEO, CFO oder COO im Visier. Diese Person wird sorgfältig danach ausgewählt, an welche Daten die Täter kommen wollen. Zunächst generieren die Cyberkriminellen perfekt zugeschnittene E-Mails mit Informationen aus Suchmaschinen und Social Media. Sie benutzen die korrekte Anrede mit Titel, Namen, Berufsbezeichnung und Details, die die Nachricht vertrauenswürdig erscheinen lassen. Das weitere Vorgehen entspricht dem Spear Phishing, aber die Auswahl der hochrangigen Adressaten samt deren Befugnisse hat eine extrem hohe Dimension der Schäden zur Folge.

Führungskräfte sollten deshalb so wenig persönliche Informationen wie möglich auf den Sozialen Medien preisgeben. Als Unternehmer sollten Sie über die Mitarbeiterschulung hinaus, auch genügend in Datensicherheit und Verifizierungsprozesse investieren.

Clone Phishing

Bei einer Clone Phishing Attacke erstellen die Täter auf der Basis einer echten, rechtmäßigen E-Mail mit Anhang, die das Opfer bereits bekommen hat, eine fast identische E-Mail. Diese wird dann von einer E-Mail-Adresse, die legitim wirkt, abgeschickt. Alle Links und Anhänge der ursprünglichen E-Mail werden durch böswillige ausgetauscht. Die Kriminellen verwenden dabei oft die Ausrede, dass es in der vorhergehenden Mail Probleme mit den Links und Anhängen gab – womit Sie die User verleiten wollen, auf diese zu klicken. Die Täter setzen darauf, dass sich ihre Opfer leicht verleiten lassen, weil sie mit dem Inhalt der Mail bereits vertraut sind.

Seien Sie also zunächst misstrauisch, wenn Sie eine E-Mail vermeintlich zum zweiten Mal erhalten. Es kann sich um eine Phishing Attacke handeln.

Watering Hole Phishing

Die Angreifer verhalten sich dabei als würden sie wie ein Krokodil den Tieren an einer Wasserstelle auflauern: Wer sich zu weit vorwagt, wird ihr Opfer. In der Cyberwelt machen die Täter dazu die Websites ausfindig, die Ihr Unternehmen oder Ihre Mitarbeiter am häufigsten besuchen. Das kann die Website eines Lieferanten sein, den Ihre Firma regelmäßig beauftragt. Die Täter infizieren diese Websites so, dass bei einem Besuch automatisch Malware auf Ihrem Computer hochgeladen wird. Diese Schadsoftware wiederum beliefert die Angreifer mit dem Zugang zu Ihrem Netzwerk, den Servern und zu sensiblen Informationen wie persönliche und finanzielle Daten.

Der Nutzer kann leider nicht erkennen, ob die von ihm besuchte Website Cyberkriminelle zu einem Watering Hole umfunktioniert haben. Da hilft lediglich ein hohes Niveau an generellen IT-Sicherheitsmaßnahmen im Unternehmen.

Evil Twin

Dabei tarnt sich ein betrügerischer drahtloser Wi-Fi Zugangspunkt als legitimer Zugangspunkt. Der Angreifer kann damit, ohne Wissen des Benutzers, Informationen sammeln. Dazu muss er sich in der Nähe eines Hot-Spots aufhalten und per geeigneter Software dessen Funkfrequenz und den SSID (Service Set Identifier) herausfinden. Anschließend sendet er sein eigenes Funksignal mit gleicher SSID. Wenn der Benutzer dann eine Verbindung herstellt, kann der Angreifer den Netzwerk-Verkehr mitlesen.

Wenn Sie beruflich über Wi-Fi surfen, sollten Sie Ihre Internetverbindung nur über ein virtuelles privates Netzwerk (VPN) aufbauen. Privat gehen Sie auf Nummer sicher, wenn Sie in öffentlichen Hot-Spots finanzielle Transaktionen vermeiden.

Smishing

Der Begriff Smishing ist eine Kurzform von SMS-Phishing. Dabei scheint die SMS von vertrauenswürdigen Quellen zu kommen und enthalten gefährliche URLs auf die Sie klicken sollen. Häufig werden angebliche Gutscheincodes für Rabattaktionen, Freikarten für Veranstaltungen oder sonstige Vorteile versprochen. Die eigene Nummer ersetzen die Täter dabei in der Regel mit einer fünfstelligen Kurzwahlnummer. Damit kann der Benutzer nicht sofort erkennen, ob der Anbieter echt ist.

Um die Seriosität des Anbieters zu überprüfen, müssen Sie dieser sogenannten Premium Kurzwahlnummer nachgehen. Das können Sie auf den Datenbanken oder Dokumenten der Mobilfunkanbieter oder per Suchmaschine im Internet. Dort finden Sie gute Hinweise, ob eine Kurzwahlnummer von Betrügern benutzt wird.

Vishing

Mit Vishing ist eigentlich Voice Phishing gemeint. Dazu werden Sie von den Tätern zu einem Telefonat verleitet und gebeten, persönliche oder finanzielle Informationen herauszugeben. In der Regel werden Sie dabei im Erstkontakt nicht direkt für ein Gespräch angerufen, sondern zu einem Rückruf animiert. Ein

Computer wählt Sie an und legt sofort wieder auf. Wenn Sie zurückrufen, haben Sie den Täter am Apparat. Um Sie zu täuschen, gibt sich Ihr Gegenüber gerne als vertrauenswürdige Person aus - beispielsweise als Mitarbeiter Ihrer Hausbank. Wenn diese Ihnen mitteilt, dass Ihr Konto missbraucht wurde und mit Ihren persönlichen Daten verifiziert werden muss, werden Ängste geweckt, die Ihr natürliches Misstrauen blockieren können.

Rufen Sie also keine unbekannten Nummern zurück und wenn Sie es unbedingt trotzdem tun wollen, sollten Sie die Rufnummer im Internet checken. Legen Sie sofort auf, wenn die Person etwas Verdächtiges von Ihnen verlangt.

Fazit
Bei Phishing Attacken versuchen Cyberkriminelle, Sie auf verschiedenen Kommunikationswegen, sei es per E-Mail, Websites, SMS oder Telefonanruf zur Herausgabe von sensiblen Daten zu bewegen, um Sie damit finanziell schädigen zu können.

Prüfen Sie also, ob eine E-Mail auch von der Person stammt, von der sie vorgibt zu sein. Checken Sie die Vertrauenswürdigkeit einer Website, bevor Sie sensible Dateien eingeben. Hüten Sie sich bei SMS-Kurzwahlnummern unvorsichtig zu reagieren und seien Sie stets auf der Hut, wenn Sie mit Unbekannten telefonieren.
Seien Sie auch nicht verunsichert, wenn der Anrufer Ihren Namen, Adresse und auch zum Beispiel die letzten drei Stellen Ihrer Kontonummer kennt!

35 Vorsicht, Phishing!

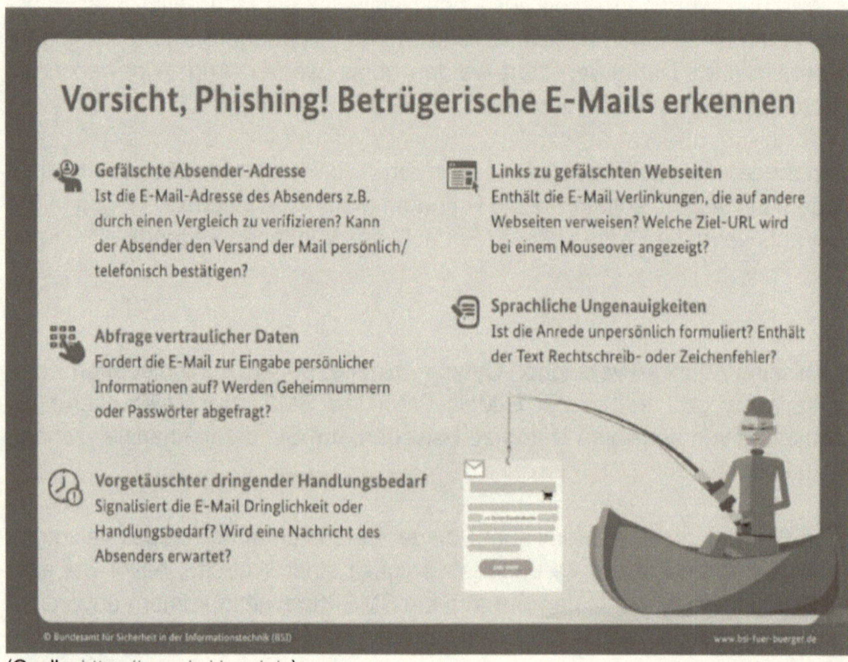

(Quelle: https://www.bsi.bund.de)

Phishing-E-Mails erkennen

Bei Phishing spielen Cyberkriminelle mit Einschüchterung, fehlendem Misstrauen und dem mangelnden technischen Verständnis potenzieller Opfer. Das Schema von Phishing-Angriffen ist immer gleich: Sie erhalten eine gefälschte E-Mail, die Links zu ebenso gefälschten Webseiten oder Pop-Up-Fenstern beinhaltet. Dort werden Sie unter einem Vorwand dazu aufgefordert, Zugangs- oder Bezahldaten einzugeben. Kriminelle können so – zum Teil unbemerkt – an Ihre Login-Daten für das Online-Banking oder Webshops gelangen. Sobald Sie einen Verdacht haben, sollten Sie die eingegangene Mail ignorieren und sofort löschen. Hier zeige ich Ihnen 10 Merkmale, an denen Sie Phishing-Inhalte erkennen können:

Merken Sie sich: Banken, Versicherungen oder Behörden wählen für dringende Anliegen oder sensible Daten immer den postalischen Weg.

Schon der Betreff der E-Mail bezieht sich auf eine Rechnung, Ihre persönlichen Daten oder besondere Angebote, um Ihr Vertrauen zu wecken.

Die Anrede in der E-Mail ist unpersönlich ("Sehr geehrter Kunde", "Sehr geehrter Nutzer").

In der E-Mail finden sich Drohungen oder Handlungsanweisungen ("Wenn Sie nicht innerhalb von drei Tagen Geld überweisen, dann...").

Die E-Mail weist ungewöhnliche Rechtschreibfehler, verdrehte Formulierungen oder umständlich aufgelöste Umlaute (oe, ae statt ö, ä, ü) auf.

Der Text ist in einem schlechten Deutsch oder in einer fremden Sprache verfasst.

Sie werden in der E-Mail aufgefordert, Ihre persönlichen Daten wie TAN oder PIN einzugeben (Banken und Webshops würden so etwas nie tun).

Die Webadresse der aufgerufenen Seite hat Rechtschreibfehler oder unübliche Ergänzungen (statt: sparkasse.de z.B. 184tg.sparkasse.com).

Eine verdächtige E-Mail kann auch eine scheinbare Antwort auf eine vermeintlich von Ihnen verschickte E-Mail sein. Sind Sie sich sicher, dass dies nicht der Fall sein kann, ignorieren oder löschen Sie die E-Mail.

Zusatztipp: Im sogenannten Mailheader (oder Quelltext) der verdächtigen E-Mail können Sie zusätzlich den wirklichen Absender herausfinden.

Phishing E-Mails werden immer besser und sind schwer zu erkennen. Die Merkmale können alle auftreten oder auch nur vereinzelt. Wichtig: Wenn Sie an der Echtheit einer E-Mail zweifeln, reagieren Sie nicht auf die E-Mail, sondern kontaktieren Sie Ihre Bank persönlich oder per Telefon, um die Anfrage zu überprüfen.

Phising Beispiele

PayPal

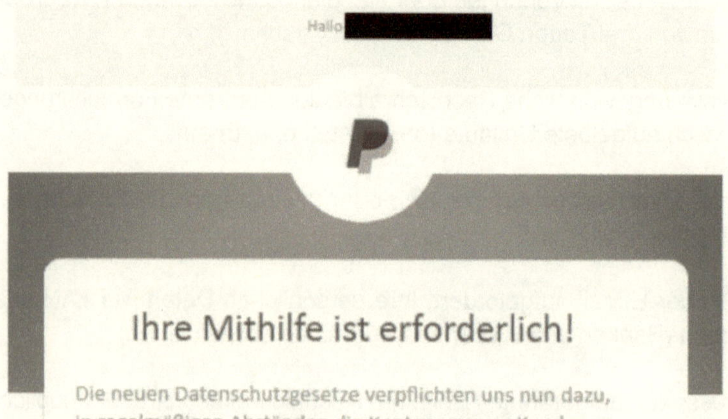

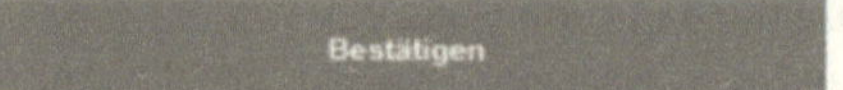

(Quelle: https://www.verbraucherzentrale.de)

VR-Bank

Phishing-Volksbank

Sehr geehrte Damen und Herren,

leider kam es in letzter Zeit vermehrt zu Problemen
mit den hinterlegten Kontaktdaten unserer Kunden,
daher bitten wir sie ihre bereits hinterlegten angaben
in unserem Kundencenter abzugleichen.

Um einer vorsorglichen Abgleichs Sperrung ihres Kontos
unsererseits entgegenzuwirken, empfehlen wir ihnen
den Abgleich schnellstmöglich selbst durchzuführen.

Klicken Sie dafür einfach auf »Zum Formular« und folgen
anschließend den Anweisungen die ihnen im Kundencenter
angezeigt werden.

Mit freundlichen Grüßen,
Ihre »Volksbanken-Raiffeisenbanken«

»Zum Abgleich«

(Quelle: https://www.verbraucherzentrale.de)

Sparkasse

Phishing-Sparkasse

Sehr geehrte/r

Ihre persönlichen Daten bedürfen der Aktualisierung. Sie sind verpflichtet, Ihre Daten bei
Aufforderung zu aktualisieren. Sollten Sie Ihre Daten nicht innerhalb der nächsten 14 Tage
fristgerecht bis zum 01.08.2019 aktualisiert haben, werden wir Sie schriftlich per Einschreiben
zur Aktualisierung auffordern. Hierbei kann ein Entgeld von 2,56 Euro enstehen.

Aktuelle Versandadresse:

Wichtiger Hinweis:

Sollte Ihre aktuelle Versandadresse abweichen, können Sie zu Ihrer nächstgelegenen Filiale
gehen und dort ein Formblatt zusammen mit einem dortigen Mitarbeiter ausfüllen.

Freundlich grüßt

(Quelle: https://www.verbraucherzentrale.de)

Amazon

amazon

Sehr geehrt ███████████████

wir, das Kundenservice-Team, nehmen Ihre Sicherheit sehr ernst.
Aus diesem Grund ist es vonnöten eine routinemäßige Sicherheitskontrolle durchzuführen.

Der Datenabgleich dient dazu, dass Ihre persönlichen Daten fortdauernd aktuell sind.
So können wir Sie unter anderem vor Missbrauch durch Dritte schützen.

Sollte einer Abweichung der hinterlegten Daten vom System erkannt werden, werden Sie temporär
gesperrt und von einem Mitarbeiter schriftlich informiert.

Wir bitten Sie Ihre Daten binnen 48 Stunden vollständig zu verifizieren.

Weiter zur Verifizierung

mit freundlichen Grüßen,
Ihr Amazon-Kundenservice

Dies ist eine automatisch versendete Nachricht. Bitte antworten Sie nicht auf dieses Schreiben, da die Adresse nur zur
Versendung von E-Mails eingerichtet ist.

(**Quelle**: https://www.verbraucherzentrale.de)

Verbraucherzentrale

Einen Phishing-Radar mit aktuellen Phishing Warnungen und kontinuierlich aktuelle Betrugsversuchen, sowie Beispielen und worauf Sie achten müssen, erreichen Sie unter:

https://www.verbraucherzentrale.de/wissen/digitale-welt/phishingradar/phishingradar-aktuelle-warnungen-6059

Manipulative Websites: Websites, die offiziellen Plattformen nachempfunden sind, um Nutzerdaten wie Anmeldeinformationen oder Kreditkartennummern zu stehlen.

36 Maßnahmen zur Vermeidung von Phishing

Es ist wichtig, verdächtige E-Mails zu erkennen und zu melden. Vermeiden Sie es, auf Links oder Anhänge zu klicken, die zu gut erscheinen, um wahr zu sein, und melden Sie den Phishing-Versuch. Löschen Sie verdächtige Nachrichten, ohne auf Anhänge oder Links zu klicken.

Diese Informationen bieten eine Grundlage, um über die Risiken und Präventionsmethoden von Phishing aufzuklären. Sie können auch die offiziellen Websites des *Bundesamtes für Sicherheit in der Informationstechnik (BSI)*, die *Verbraucherzentrale* und das *Bundeskriminalamt (BKA)* nutzen, um zusätzliche Informationen zu bekommen.

Erkennen von Phishing-Mails

Phishing-Mails sind betrügerische E-Mail-Nachrichten, die darauf abzielen, persönliche Informationen wie Passwörter, Kreditkartennummern oder andere sensible Daten zu stehlen. Sie können schwer zu erkennen sein, da sie oft legitim aussehen. Hier sind einige Schlüsselmerkmale und Tipps, um Phishing-Mails zu identifizieren:

Ungewöhnliche Absenderadressen

Überprüfen Sie die E-Mail-Adresse: *Phishing*-Mails kommen oft von Adressen, die offiziellen Adressen ähnlich sehen, aber kleine Unterschiede aufweisen (z.B. „[bankname]@secure-mail.com" statt „[bankname]@bank.com").
Unerwartete Absender: Seien Sie vorsichtig mit E-Mails von unbekannten Absendern oder unerwarteten E-Mails von bekannten Kontakten.

Dringlichkeit und Angstmacherei

Dringende Aufforderungen: Phishing-Mails erzeugen oft ein Gefühl der Dringlichkeit, wie z.B. die Behauptung, Ihr Konto würde gesperrt, wenn Sie nicht sofort handeln.
Drohungen und Warnungen: Nachrichten, die mit negativen Konsequenzen drohen, sollten mit Vorsicht behandelt werden.

Anfragen nach persönlichen Informationen

Direkte Anfragen: Legitime Unternehmen fragen Sie normalerweise nicht per E-Mail nach sensiblen Informationen wie Passwörtern oder Kreditkartennummern. Formulare in E-Mails: Seien Sie besonders vorsichtig mit E-Mails, die Sie auffordern, persönliche Informationen direkt in einem E-Mail-Formular einzugeben.

Grammatik- und Rechtschreibfehler

Schlechte Sprachqualität: Viele Phishing-Mails enthalten schlechte Grammatik, Rechtschreibfehler und ungewöhnliche Formulierungen.

Verdächtige Links und Anhänge

Überprüfen Sie Links: Bewegen Sie den Mauszeiger über Links in der E-Mail, um die tatsächliche URL zu sehen. Seien Sie vorsichtig mit Links, die nicht zur offiziellen Website der angeblichen Organisation führen.
Vorsicht bei Anhängen: Öffnen Sie keine Anhänge, die unerwartet oder von unbekannten Absendern kommen, da diese Malware enthalten können.

Löschen:

Löschen Sie verdächtige E-Mails, ohne auf Links oder Anhänge zu klicken oder zu antworten, einschließlich aller „Abbestellen"-Links.

Ungewöhnliche Anfragen oder Angebote

Zu gut, um wahr zu sein: Seien Sie skeptisch gegenüber E-Mails, die unglaubliche Angebote oder Gewinne ankündigen.

Überprüfung und Bestätigung

Direkter Kontakt: Wenn Sie unsicher sind, ob eine E-Mail legitim ist, kontaktieren Sie das Unternehmen direkt über eine vertrauenswürdige Telefonnummer oder Website.

Indem Sie diese Hinweise beachten, können Sie Ihr Risiko verringern, Opfer von Phishing zu werden. Denken Sie immer daran, vorsichtig zu sein und bei Zweifeln die Authentizität einer E-Mail zu überprüfen, bevor Sie auf Links klicken oder persönliche Informationen preisgeben.

37 Sicherheit im Internet

Wichtige Sicherheitskonzepte

Verwendung sicherer Passwörter:
Es ist wichtig, starke und einzigartige Passwörter für jedes Konto zu verwenden. Ein starkes Passwort sollte eine Kombination aus Groß- und Kleinbuchstaben, Zahlen und Sonderzeichen enthalten und regelmäßig geändert werden. Ein Passwortmanager kann helfen, diese Passwörter sicher zu speichern und zu verwalten.

Verwendung von Antivirus-Software:
Aktualisierte Antivirus-Software ist entscheidend für den Schutz vor verschiedenen Arten von Internetangriffen und zum Schutz Ihrer Daten online. Viele moderne Programme aktualisieren sich automatisch, um mit den neuesten Bedrohungen Schritt zu halten.

Erkennen von Phishing und Betrugsversuchen:
Phishing ist eine gängige Methode, bei der über betrügerische E-Mails versucht wird, sensible Informationen wie Anmeldeinformationen oder Finanzdaten zu erlangen. Wachsamkeit und Vorsicht beim Umgang mit unerwünschten E-Mails oder Nachrichten sind entscheidend, um sich vor solchen Angriffen zu schützen.

Netzwerksicherheit:
Netzwerksicherheit umfasst Maßnahmen, die darauf abzielen, die Benutzbarkeit und Integrität Ihres Netzwerks und Ihrer Daten zu schützen. Dies beinhaltet die Verwendung von Firewalls, die den Datenverkehr filtern, und VPNs (Virtual Private Networks), die Ihre Internetverbindung verschlüsseln, insbesondere bei der Nutzung öffentlicher WLANs.

Schutz vor Malware und Ransomware:
Malware und Ransomware sind bösartige Softwarearten, die darauf abzielen, unautorisierten Zugriff zu erlangen oder Geräte zu beschädigen. Es ist wichtig, auf verdächtige Links oder Anhänge in E-Mails zu achten und regelmäßige Sicherheitsscans durchzuführen, um solche Bedrohungen zu erkennen und zu entfernen.

Datenschutz und Sensibilisierung:
Die Sensibilisierung für Internetrisiken und der Schutz persönlicher Daten sind unerlässlich. Dies beinhaltet die Verwaltung von App-Berechtigungen auf mobilen Geräten, das regelmäßige Aktualisieren von Betriebssystemen und Anwendungen sowie die Schulung über die Risiken des Teilens persönlicher Informationen im Internet.

Diese Informationen bieten eine umfassende Grundlage für das Verständnis der wichtigsten Sicherheitskonzepte im Internet und dienen als Ausgangspunkt für die entsprechende Kapitel im Buch.

38 Sicher Surfen im Internet

Erkennen sicherer Websites

Das Erkennen sicherer Websites ist ein wichtiger Aspekt beim sicheren Surfen im Internet. Hier sind Schlüsselpunkte und Tipps, wie Sie sicherstellen können, dass eine Website vertrauenswürdig ist:

Überprüfen des Protokolls: HTTPS

HTTPS vs. HTTP: Achten Sie darauf, dass die Website-URL mit **"https://"** beginnt und nicht nur mit "http://". Das **"s"** steht für "secure" (sicher) und bedeutet, dass die Datenübertragung zwischen Ihrem Browser und der Website verschlüsselt ist.

Schloss-Symbol: Viele Browser zeigen ein Schloss-Symbol in der Adressleiste bei sicheren HTTPS-Verbindungen an. Ein Klick auf das Schloss gibt weitere Informationen zur Sicherheit der Website und zum verwendeten Zertifikat.

Prüfen des Sicherheitszertifikats

Gültiges Zertifikat: Überprüfen Sie, ob die Website ein gültiges SSL/TLS-Zertifikat hat. Dieses Zertifikat wird von einer vertrauenswürdigen Zertifizierungsstelle ausgestellt und bestätigt die Identität der Website.

Warnmeldungen des Browsers: Moderne Browser warnen Sie, wenn Sie versuchen, eine Website mit einem ungültigen oder abgelaufenen Zertifikat zu besuchen.

Überprüfen der Website-Inhalte

Professionelles Design: Seriöse Websites haben in der Regel ein professionell gestaltetes Layout und klare, fehlerfreie Inhalte.

Kontaktinformationen: Eine vertrauenswürdige Website stellt oft klare Kontaktinformationen zur Verfügung, wie eine physische Adresse, Telefonnummer oder ein offizielles E-Mail-Kontaktformular.

Datenschutzrichtlinie: Suchen Sie nach einer Datenschutzrichtlinie, die erklärt, wie die Website mit Benutzerdaten umgeht.

Achten auf Nutzerbewertungen und Reputation

Online-Reputation: Recherchieren Sie die Website in Suchmaschinen und betrachten Sie Bewertungen und Kommentare anderer Nutzer.

Vertrauenswürdige Quellen: Vertrauen Sie auf Empfehlungen von verlässlichen Quellen wie bekannten Organisationen oder Medien.

Vorsicht bei Pop-ups und Werbung

Unauffällige Werbung: Seriöse Websites bombardieren Sie normalerweise nicht mit Pop-ups oder aufdringlicher Werbung.

Phishing-Versuche: Seien Sie vorsichtig mit Websites, die nach persönlichen Informationen fragen, besonders wenn dies in Pop-ups oder durch auffällige Werbung geschieht.

Das Erkennen sicherer Websites ist ein wesentlicher Bestandteil des Schutzes Ihrer persönlichen Informationen und der Sicherstellung einer sicheren Online-Erfahrung. Immer wenn Sie Zweifel an der Legitimität einer Website haben, ist es besser, vorsichtig zu sein und weitere Nachforschungen anzustellen, bevor Sie persönliche Daten eingeben.

39 Umgang mit Pop-ups und Werbung

Pop-ups und Werbung sind ein allgegenwärtiger Teil des Internets, können aber manchmal lästig oder sogar gefährlich sein. Ein verantwortungsbewusster Umgang mit diesen Elementen ist wichtig für die Sicherheit beim Surfen im Internet. Hier sind einige Tipps und Best Practices (empfohlene Vorgehensweise):

Erkennen von Pop-ups

Was sind Pop-ups?: Pop-ups sind kleine Fenster, die sich automatisch öffnen, wenn Sie eine Webseite besuchen. Sie können Werbung, Warnungen, Angebote oder andere Informationen enthalten.

Arten von Pop-ups: Einige Pop-ups sind harmlos und Teil der normalen Website-Funktionalität, andere können irreführend oder Teil von Betrugsversuchen sein.

Umgang mit Pop-ups

Pop-up-Blocker nutzen: Die meisten modernen Browser haben eingebaute Pop-up-Blocker, die automatisch die meisten unerwünschten Pop-ups blockieren. Stellen Sie sicher, dass diese Funktion in Ihrem Browser aktiviert ist.

Vorsicht beim Klicken: Klicken Sie nicht voreilig auf Pop-up-Fenster, besonders wenn sie verdächtig aussehen, Aufforderungen zum Herunterladen von Software enthalten oder persönliche Informationen anfordern.

Werbung im Internet

Arten von Online-Werbung: Neben traditionellen Banneranzeigen gibt es auch Videoanzeigen, interaktive Anzeigen und gesponserte Inhalte.

Ad-Blocker: Ad-Blocker sind Erweiterungen für Webbrowser, die die meisten Werbeanzeigen auf Webseiten blockieren können. Dies kann das Surferlebnis verbessern und die Sicherheit erhöhen, kann aber auch die Einnahmequellen von Websites beeinträchtigen.

Sicherheitsrisiken

Malvertising: Einige Werbeanzeigen können Malware enthalten oder auf bösartige Websites verlinken. Dies wird als "Malvertising" (malicious advertising) bezeichnet. Malvertising (ein Kofferwort aus "Malware", schädliche Software, und "Advertising", Werbung) bezeichnet eine Methode, um über Computernetzwerke schädliche Programme zu verbreiten

Phishing-Versuche: Manche Pop-ups und Anzeigen können Phishing-Versuche sein, um persönliche Informationen oder Zugangsdaten zu stehlen.

Best Practices

Aktualisierte Software: Stellen Sie sicher, dass Ihr Browser und Ihr Betriebssystem stets auf dem neuesten Stand sind, um Sicherheitslücken zu schließen.
Verwendung vertrauenswürdiger Browser-Erweiterungen: Installieren Sie nur Erweiterungen von vertrauenswürdigen Quellen, um die Sicherheit zu gewährleisten.

Datenschutz und Tracking

Cookies und Tracking: Viele Anzeigen verwenden Cookies, um Benutzeraktivitäten zu verfolgen. Verwenden Sie Datenschutzeinstellungen und -tools, um Ihre Online-Privatsphäre zu schützen.

Der bewusste Umgang mit Pop-ups und Werbung ist ein wichtiger Teil der Online-Sicherheit. Indem Sie vorsichtig sind und geeignete Tools verwenden, können Sie viele der Risiken minimieren, die mit Online-Werbung und Pop-ups verbunden sind.

40 Datenschutz

Persönliche Daten schützen

Warum ist Datenschutz wichtig?

Datenschutz bezieht sich auf das Recht, die Kontrolle über die Erhebung, Verwendung und Weitergabe persönlicher Daten zu behalten. In unserer zunehmend digitalisierten Welt, in der eine enorme Menge an persönlichen Informationen online gesammelt und geteilt wird, ist Datenschutz von entscheidender Bedeutung aus folgenden Gründen:

Schutz der Privatsphäre

Persönliche Freiheit: Datenschutz sichert die persönliche Freiheit, da er verhindert, dass persönliche Informationen ohne Zustimmung verwendet oder missbraucht werden.

Vertraulichkeit bewahren: Der Schutz sensibler Daten wie Gesundheitsinformationen, finanzielle Details oder Kommunikation ist essenziell für die Wahrung der Privatsphäre.

Vermeidung von Identitätsdiebstahl

Sicherheit persönlicher Daten: Datenschutzmaßnahmen verhindern, dass sensible Daten in die Hände von Kriminellen gelangen, die sie für Identitätsdiebstahl nutzen könnten.

Reduzierung von Betrugsrisiken: Durch den Schutz persönlicher Daten werden die Risiken von Betrügereien, wie Kreditkartenbetrug oder unrechtmäßige finanzielle Transaktionen, minimiert.

Bewahrung der persönlichen Integrität

Schutz vor Manipulation: Datenschutz verhindert, dass Informationen für manipulative Zwecke wie unerwünschte Werbung oder politische Beeinflussung verwendet werden.

Autonomie in der Informationsgesellschaft: Datenschutz gewährleistet, dass Einzelpersonen die Kontrolle über ihre Informationen behalten und nicht unbewusst Opfer von Datenausbeutung werden.

Vertrauen in digitale Dienste

Vertrauenswürdige Online-Transaktionen: Datenschutzmaßnahmen sind entscheidend, um Vertrauen in Online-Dienste zu schaffen und zu erhalten, was für die digitale Wirtschaft unerlässlich ist.

Reputationsschutz: Organisationen, die Datenschutz ernst nehmen, bauen ein positives Image auf und fördern Vertrauen bei ihren Nutzern oder Kunden.

Einhaltung gesetzlicher Vorschriften

Gesetzliche Anforderungen: In vielen Ländern gibt es strenge Datenschutzgesetze, die eingehalten werden müssen, um rechtliche Konsequenzen zu vermeiden.

Internationale Standards: Die Einhaltung internationaler Datenschutzstandards ist wichtig für Unternehmen, die global operieren.

Missbrauch durch Dritte

Unbefugter Datenzugriff: Fälle, in denen Mitarbeiter von Unternehmen oder Behörden unbefugt auf persönliche Daten von Individuen zugreifen und diese missbrauchen.

Datenverkauf an Dritte: Unternehmen, die persönliche Daten ihrer Kunden ohne deren Wissen oder Einwilligung an Marketingfirmen oder andere Organisationen verkaufen.

Verlust von Datenträgern

Verlorene oder gestohlene Laptops/Smartphones: Geräte, die sensible Informationen enthalten und verloren gehen oder gestohlen werden, können zu einem erheblichen Datenschutzproblem führen.

Unsichere Datenspeicherung: Fälle, in denen physische Datenträger wie Festplatten oder USB-Sticks mit sensiblen Daten unsicher aufbewahrt und entwendet werden.

Insider-Bedrohungen

Mitarbeitermissbrauch: Situationen, in denen Mitarbeiter eines Unternehmens absichtlich oder unabsichtlich interne Daten preisgeben oder missbrauchen.

Unzureichende Zugangskontrollen: Mangel an angemessenen Sicherheitsmaßnahmen, die es Mitarbeitern ermöglichen, auf Daten zuzugreifen, die sie nicht einsehen sollten.

Diese Beispiele zeigen, wie vielfältig und komplex Datenschutzverletzungen sein können. Sie verdeutlichen die Notwendigkeit, sowohl als Individuum als auch in Organisationen, sorgfältige Datenschutzpraktiken zu implementieren und aufrechtzuerhalten, um die Sicherheit persönlicher Informationen zu gewährleisten.

Datenschutz ist somit ein fundamentaler Bestandteil der Sicherheit in der digitalen Welt. Er schützt Individuen vor Missbrauch und Ausbeutung ihrer persönlichen Daten und trägt zur Aufrechterhaltung der Integrität und des Vertrauens in digitale Systeme und Dienste bei.

41 Passwortsicherheit: Erstellen und Verwalten starker Passwörter

Ein starkes Passwort ist ein wesentlicher Schutz gegen unerlaubten Zugriff auf Ihre persönlichen und finanziellen Informationen. Hier sind wichtige Richtlinien und Praktiken zum Erstellen und Verwalten starker Passwörter:

Erstellung starker Passwörter

Länge und Komplexität: Ein starkes Passwort sollte mindestens 12 Zeichen lang sein und eine Kombination aus Groß- und Kleinbuchstaben, Zahlen und Sonderzeichen enthalten.

Vermeidung offensichtlicher Muster: Verwenden Sie keine leicht zu erratenden Muster wie "123456", "password" oder "qwerty".

Keine persönlichen Informationen: Vermeiden Sie es, leicht verfügbare Informationen wie Geburtsdaten, Namen oder Adressen zu verwenden.

Einzigartige Passwörter für verschiedene Konten

Vermeidung von Wiederverwendung: Verwenden Sie für jedes Online-Konto ein anderes Passwort. Dies verhindert, dass ein kompromittiertes Passwort Zugang zu all Ihren Konten ermöglicht.

Verwendung von Passwortmanagern

Speichern von Passwörtern: Ein Passwortmanager kann eine sichere und bequeme Möglichkeit sein, Ihre Passwörter zu speichern und zu verwalten.

Generieren starker Passwörter: Viele Passwortmanager bieten Funktionen zum Generieren starker, zufälliger Passwörter.

Regelmäßiges Ändern von Passwörtern

Aktualisierung bei Verdacht auf Kompromittierung: Ändern Sie Ihre Passwörter regelmäßig, insbesondere wenn Sie vermuten, dass eines Ihrer Konten gefährdet sein könnte.

Vorsicht bei der Passwortweitergabe

Teilen von Passwörtern vermeiden: Geben Sie Ihre Passwörter nicht weiter und notieren Sie sie nicht an offensichtlichen Orten.

Zwei-Faktor-Authentifizierung (2FA)

Zusätzlicher Schutz: Wenn möglich, aktivieren Sie 2FA für Ihre Konten. Dies erfordert neben Ihrem Passwort einen weiteren Authentifizierungsfaktor, wie einen Code, der an Ihr Handy gesendet wird.

Sicherheitsfragen als Backup

Auswahl sicherer Fragen und Antworten: Wählen Sie Sicherheitsfragen, deren Antworten nicht leicht zu erraten oder zu recherchieren sind.

Indem Sie diese Richtlinien befolgen, können Sie das Risiko eines unerlaubten Zugriffs auf Ihre Online-Konten erheblich reduzieren und Ihre persönlichen und finanziellen Informationen besser schützen. Starke Passwörter sind eine grundlegende Komponente des Datenschutzes in der digitalen Welt.

Beispiele für starke Passwörter

Starke Passwörter sind essenziell, um Ihre Konten und persönlichen Daten zu schützen. Hier sind Beispiele und Richtlinien, um starke Passwörter zu erstellen:

1. W1nt3r!sC0m1ng2023!
2. @v0c@doT0ast_2024!
3. Sun$etM0unt@in789!
4. Blu3Ocean!Wave#2025
5. @rt1st!cPa1ntBrush!

Richtlinien zur Erstellung starker Passwörter

Mindestens 12 Zeichen: Je länger das Passwort, desto schwieriger ist es zu knacken.

Kombination verschiedener Zeichentypen: Verwenden Sie eine Mischung aus Groß- und Kleinbuchstaben, Zahlen und Sonderzeichen.

Vermeidung von Standardwörtern: Nutzen Sie keine vollständigen Wörter aus dem Wörterbuch. Verwenden Sie stattdessen unkonventionelle Wortkombinationen oder Abkürzungen.

Einbeziehung von Zahlen und Symbolen: Integrieren Sie Zahlen und Symbole in kreativer Weise.

Vermeiden persönlicher Informationen: Geburtstage, Namen von Haustieren oder andere leicht zugängliche Informationen sollten nicht verwendet werden.

Hinweise

Die vorangestellten Beispiele dienen lediglich als Anregung. Sie sollten Ihre eigenen einzigartigen Passwörter erstellen, die niemand sonst kennt oder leicht erraten kann.
Ein Passwortmanager kann hilfreich sein, um komplexe Passwörter zu generieren und sicher zu speichern.

42 Online-Betrug erkennen: Arten und Beispiele

Online-Betrug kann viele Formen annehmen, von denen jede spezifische Risiken birgt. Hier sind einige gängige Arten von Online-Betrug mit Beispielen:

Phishing

Beschreibung: *Phishing*-Versuche zielen darauf ab, sensible Informationen wie Passwörter oder Bankdaten zu stehlen, indem gefälschte E-Mails oder Websites verwendet werden, die als legitime Dienste getarnt sind.

Beispiel: Sie erhalten eine E-Mail, die scheinbar von Ihrer Bank stammt, mit der Aufforderung, Ihre Kontodaten auf einer Website zu bestätigen, die der echten Bank-Website ähnelt, aber gefälscht ist.

Identitätsdiebstahl

Beschreibung: Identitätsdiebstahl beinhaltet das unbefugte Sammeln und Verwenden Ihrer persönlichen Daten, wie Sozialversicherungsnummer oder Geburtsdatum, für betrügerische Zwecke.

Beispiel: Jemand eröffnet mit Ihren gestohlenen Daten ein Kreditkartenkonto in Ihrem Namen und tätigt unautorisierte Käufe.

Betrug mit falschen Online-Shops

Beschreibung: Erstellung gefälschter Online-Shops, die Produkte anbieten, die nie geliefert werden.

Beispiel: Sie bestellen ein Handy zu einem erstaunlich günstigen Preis von einer unbekannten Website, die Zahlung wird abgebucht, aber das Handy wird nie geliefert.

Romance Scam (Liebesbetrug)

Beschreibung: Betrüger geben sich auf Dating-Plattformen als potenzielle Partner aus und bauen emotionale Beziehungen auf, um später um Geld zu bitten.

Beispiel: Ein scheinbarer Online-Liebespartner behauptet, in einer finanziellen Notlage zu sein und bittet um Geld für eine Notoperation.

Ransomware-Angriffe

Beschreibung: Malware, die Daten verschlüsselt und ein Lösegeld für deren Freigabe fordert.

Beispiel: Ihre Computerdateien werden plötzlich verschlüsselt, und Sie erhalten eine Nachricht, dass Sie ein Lösegeld in Bitcoin zahlen müssen, um wieder Zugriff zu erhalten.

Job- und Anlagebetrug

Beschreibung: Falsche Jobangebote oder Investmentgelegenheiten, die darauf abzielen, Vorauszahlungen oder sensible Informationen zu erlangen.
Beispiel: Eine E-Mail, die Ihnen einen hochbezahlten Job verspricht, für den Sie im Voraus eine „Ausbildungsgebühr" zahlen müssen.

Lotterie- und Gewinnspielbetrug

Beschreibung: Nachrichten, die behaupten, Sie hätten einen großen Preis gewonnen, erfordern jedoch eine Vorauszahlung oder persönliche Informationen, um den Gewinn zu beanspruchen.
Beispiel: Eine E-Mail informiert Sie darüber, dass Sie eine große Summe in einer ausländischen Lotterie gewonnen haben und bittet um Zahlung von Überweisungsgebühren, um Ihren Gewinn zu erhalten.

Diese Beispiele zeigen, wie vielfältig Online-Betrug sein kann.

Wachsamkeit, Kenntnis der gängigen Betrugsmethoden und eine sorgfältige Überprüfung aller Online-Transaktionen sind unerlässlich, um sich vor solchen Betrügereien zu schützen.

43 Fallbeispiele und Präventionen

Hier sind einige konkrete Beispiele für Online-Betrug und Maßnahmen, die Sie ergreifen können, um sich davor zu schützen:

Fallbeispiel: CEO-Betrug (CEO Fraud)

Beschreibung: Ein Mitarbeiter erhält eine E-Mail, die scheinbar vom CEO oder einem anderen hochrangigen Manager kommt, mit der dringenden Anweisung, Geld auf ein bestimmtes Konto zu überweisen.

Prävention:
Überprüfen Sie die E-Mail-Adresse sorgfältig auf Ungereimtheiten.
Bestätigen Sie solche Anfragen immer über einen zweiten Kommunikationskanal (z.B. telefonisch).

Fallbeispiel: Gefälschte Antivirus-Software

Beschreibung: Pop-ups warnen vor angeblichen Viren auf Ihrem Computer und bieten eine Antivirus-Software zum Download an, die tatsächlich Malware ist.

Prävention:
Installieren Sie nur vertrauenswürdige Antivirus-Software von offiziellen Websites.
Ignorieren Sie Pop-up-Warnungen, die außerhalb Ihrer installierten Antivirus-Software auftreten.

Fallbeispiel: Gefälschte Gewinnbenachrichtigung

Beschreibung: Sie erhalten eine E-Mail, die behauptet, Sie hätten eine große Summe Geld in einer Lotterie gewonnen, und werden aufgefordert, eine Gebühr zu zahlen, um Ihren Gewinn zu beanspruchen.

Prävention:
Seien Sie skeptisch gegenüber Gewinnmitteilungen, insbesondere wenn Sie nicht an einem Gewinnspiel teilgenommen haben.
Geben Sie keine persönlichen Daten preis und zahlen Sie keine Gebühren im Voraus.

Fallbeispiel: Romance Scam

Beschreibung: Sie bauen eine Beziehung zu jemandem auf, den Sie online getroffen haben, und dieser bittet Sie schließlich um Geld für eine Notlage oder um Sie zu besuchen.

Prävention:

Seien Sie vorsichtig, wenn Sie Online-Beziehungen eingehen, besonders wenn Geld ins Spiel kommt.

Führen Sie Hintergrundüberprüfungen durch und treffen Sie sich an öffentlichen Orten.

Fallbeispiel: Phishing-Angriff auf Bankdaten

Beschreibung: Sie erhalten eine E-Mail von Ihrer Bank, in der Sie aufgefordert werden, Ihre Konto- oder Kreditkarteninformationen auf einer Website zu bestätigen.

Prävention:

Klicken Sie niemals auf Links in E-Mails, um Ihre Bankdaten zu bestätigen. Gehen Sie stattdessen direkt zur offiziellen Website Ihrer Bank.

Überprüfen Sie die *URL* und stellen Sie sicher, dass die Verbindung sicher ist *(HTTPS)*.

Der Enkel-Trick

Der "Enkel-Trick" ist eine betrügerische Masche, die häufig dazu verwendet wird, insbesondere ältere Menschen um ihr Geld zu bringen. Bei diesem Trick geben sich die Betrüger am Telefon als nahe Verwandte, oft als Enkel, aus und behaupten, sich in einer Notlage zu befinden, um so an Geld zu gelangen.

Der typische Ablauf des Enkel-Tricks sieht wie folgt aus:

Anruf von einem vermeintlichen Verwandten: Der Anrufer stellt sich als Enkel oder ein anderes Familienmitglied vor und gibt oft vor, sich in einer dringenden Notlage zu befinden, wie etwa in finanziellen Schwierigkeiten oder in einer rechtlichen Angelegenheit.

Dringender Geldbedarf: Der Anrufer bittet um eine schnelle finanzielle Unterstützung, um die angebliche Notlage zu bewältigen. Oft wird dabei Druck ausgeübt, und es wird um Diskretion gebeten, sodass andere Familienmitglieder nicht informiert werden.

Übergabe des Geldes: Die Betrüger organisieren eine Übergabe des Geldes, entweder indem sie das Opfer dazu bringen, Geld von der Bank abzuheben und an einen Boten zu übergeben, oder indem sie Bankdaten für eine Überweisung angeben.

Verschleierung der Identität: Oft manipulieren die Betrüger ihre Stimme, um glaubwürdig zu wirken, oder sie behaupten, erkältet zu sein oder andere Gründe für eine veränderte Stimmklanglage zu haben.

Dieser Trick ist besonders hinterhältig, da er das Vertrauen und die Hilfsbereitschaft gegenüber Familienmitgliedern ausnutzt. Um sich vor dem Enkel-Trick zu schützen, ist es wichtig, bei solchen Anrufen skeptisch zu sein und sich nicht unter Druck setzen zu lassen. Bei Zweifeln sollte man versuchen, die Identität des Anrufers durch Rückfragen zu überprüfen, die nur der echte Verwandte beantworten kann, oder durch einen Rückruf bei der bekannten Nummer des angeblichen Anrufers. Es ist auch ratsam, andere Familienmitglieder oder die Polizei zu kontaktieren, wenn man vermutet, dass es sich um einen Betrugsversuch handelt.

Betrugs durch falsche Identität oder Familienmitglied-Tricks

Der Trick, bei dem eine Person per SMS behauptet, der Sohn oder ein anderes Familienmitglied zu sein und um Geldüberweisung bittet, fällt unter die Kategorie des "Betrugs durch falsche Identität" oder spezifischer des "Familienmitglied-Tricks". Dieser Betrug ähnelt stark dem "Enkel-Trick", jedoch mit dem Unterschied, dass er über SMS oder manchmal auch per E-Mail durchgeführt wird, anstatt über einen Telefonanruf.

Bei diesem Betrug gibt sich der Täter als Familienmitglied – oft als Sohn oder Tochter – aus und behauptet, in einer dringenden Notlage zu sein, die eine sofortige finanzielle Unterstützung erfordert. Die Nachricht kann vorgeben, dass das Familienmitglied einen Unfall hatte, in rechtliche Schwierigkeiten geraten ist, versäumt hat das Studiengeld rechtzeitig zu überweisen oder aus einem anderen dringenden Grund dringend Geld benötigt. Die Täter bitten dann um Überweisung des Geldes auf ein bestimmtes Bankkonto.

Wie beim Enkel-Trick nutzen auch hier die Betrüger das Vertrauen und die Hilfsbereitschaft ihrer Opfer aus. Um sich vor solchen Betrugsversuchen zu schützen, ist es wichtig, bei unaufgeforderten Geldanfragen per SMS oder E-Mail skeptisch zu sein und die Identität des Anfragenden sorgfältig zu überprüfen. Es ist ratsam, direkt Kontakt mit dem Familienmitglied aufzunehmen, das angeblich die Nachricht gesendet hat, jedoch über eine bekannte und vertraute Telefonnummer oder Kommunikationsmethode. Im Zweifelsfall sollten Sie sich an die Polizei oder andere vertrauenswürdige Personen wenden, bevor Sie Geld überweisen.

Weitere Beispiele

Phishing-SMS: Betrüger senden SMS, die so aussehen, als kämen sie von einer legitimen Quelle (z.B. einer Bank oder einem bekannten Unternehmen). Diese Nachrichten enthalten oft Links zu gefälschten Websites, die dazu dienen, persönliche Daten wie Passwörter oder Kreditkarteninformationen zu stehlen.

Anrufe von falschen Support-Mitarbeitern: Hier geben sich Betrüger am Telefon als Mitarbeiter von technischen Support-Teams aus und behaupten, dass es ein Problem mit Ihrem Gerät oder Konto gibt. Sie versuchen dann, Sie zur Preisgabe sensibler Informationen oder zur Installation von Schadsoftware zu bewegen.

Gefälschte Gewinnbenachrichtigungen: Eine Methode ist das Versenden von Nachrichten, die behaupten, dass der Empfänger einen Preis gewonnen hat, und die ihn dazu auffordern, persönliche Daten anzugeben oder eine Zahlung zu leisten, um den vermeintlichen Gewinn zu erhalten.

SIM-Swapping: Dabei handelt es sich um eine ausgeklügeltere Methode, bei der Betrüger die Kontrolle über Ihre Telefonnummer erlangen, indem sie Ihre SIM-Karte klonen oder Ihre Nummer auf eine neue SIM-Karte übertragen. Damit können sie Zugriff auf Ihre Online-Konten erhalten.

Apps mit Schadsoftware: Manchmal werden Apps, die Schadsoftware enthalten, über offizielle oder inoffizielle *App-Stores* verbreitet. Diese Apps können darauf abzielen, Daten zu stehlen oder das Gerät für betrügerische Zwecke zu nutzen.

Diese Fallbeispiele illustrieren, wie Online-Betrüger vorgehen und wie Sie sich durch bewusste Vorsichtsmaßnahmen schützen können. Das Bewusstsein für gängige Betrugsmethoden und eine kritische Haltung gegenüber unerwarteten

Online-Anfragen sind Schlüsselelemente, um sich im Internet sicher zu bewegen.

Um sich vor diesen und anderen Betrugsmethoden zu schützen, ist es wichtig, vorsichtig zu sein, keine persönlichen Informationen preiszugeben und nur vertrauenswürdige Quellen für den Download von Apps zu verwenden. Achten Sie auch darauf, regelmäßig Updates für Ihr Betriebssystem und Ihre Apps zu installieren, um Sicherheitslücken zu schließen.

44 Online-Banking und Einkaufen

Wählen Sie eine Bank mit branchenüblichen Sicherheitsstandards

Achten Sie darauf, dass Ihre Bank robuste Technologien wie Firewalls, Betrugsüberwachung und Website-Verschlüsselung verwendet. Informationen zu Sicherheitsfunktionen finden Sie in der Regel auf der Website der Bank oder in deren Allgemeinen Geschäftsbedingungen.

Verwenden Sie Multifaktor-Authentifizierung (MFA)

MFA fügt eine zusätzliche Sicherheitsebene hinzu, indem sie neben dem Benutzernamen und Passwort einen weiteren Faktor zur Identitätsbestätigung anfordert, wie z. B. einen einzigartigen Code, der an Ihr Smartphone gesendet wird.

Meiden Sie öffentliches WLAN für Bankgeschäfte

Nutzen Sie stattdessen Ihr privates Heimnetzwerk oder eine mobile Datenverbindung. Achten Sie darauf, dass die Webseitenadresse mit "https" beginnt, was signalisiert, dass die Seite sicher ist.

Halten Sie Ihre Antivirus-Software aktuell

Stellen Sie sicher, dass sie auf Ihren Heimcomputern und mobilen Geräten auf dem neuesten Stand ist.

Verwenden Sie lange und komplexe Passwörter

Nutzen Sie Kombinationen, die schwer zu erraten sind. Betrachten Sie die Verwendung eines Passwort-Managers, um starke, einzigartige Passwörter zu generieren und sicher zu speichern.

Richten Sie Textbenachrichtigungen ein

Viele Banken ermöglichen es ihren Kunden, Benachrichtigungen per Text, SMS oder E-Mail zu erhalten, wenn auf ihrem Konto große Transaktionen stattfinden oder der Kontostand einen bestimmten Betrag unterschreitet.

Vermeiden Sie die Nutzung öffentlicher WLAN-Netze

Öffentliche Netzwerke sind unsicher und können Ihre Daten gefährden. Wenn Sie öffentliches WLAN verwenden müssen, sollten Sie einen VPN-Dienst nutzen, um Ihre Online-Aktivitäten zu verschlüsseln.

Halten Sie Ihr Gerät und Ihre Software auf dem neuesten Stand

Betriebssysteme und Anwendungen erhalten regelmäßig Updates, einschließlich Sicherheitspatches gegen neue Malware und Betrugsmethoden.

Diese Tipps bieten eine solide Grundlage für sicheres Online-Banking und können helfen, das Risiko von Online-Banking-Betrug zu verringern. Nutzen Sie diese Informationen als Grundlage für sicheres Online-Banking und Einkaufen.

45 Umgang mit Telefonbetrug: Erkennen von Betrugsanrufen

Telefonbetrug kann vielfältige Formen annehmen. Es ist wichtig, die Anzeichen zu erkennen, um sich selbst zu schützen. Hier sind einige Tipps, wie Sie Betrugsanrufe identifizieren können:

Ungebetene Anrufe von "offiziellen" Institutionen

Merkmale: Anrufer geben sich als Vertreter von Banken, Regierungsbehörden oder Lotteriegesellschaften aus und fordern persönliche Informationen oder finanzielle Zahlungen.

Vorsichtsmaßnahmen: Legitime Institutionen werden Sie normalerweise nicht unaufgefordert anrufen, um sensible Informationen zu erfragen. Bei Zweifeln sollten Sie die Institution direkt über eine verifizierte Nummer kontaktieren.

Dringlichkeits- und Angsttaktiken

Merkmale: Der Anrufer behauptet, es gäbe ein dringendes Problem, wie z.B. ein Problem mit Ihrem Bankkonto oder einen Haftbefehl, und drängt auf schnelles Handeln.

Vorsichtsmaßnahmen: Bleiben Sie ruhig und lassen Sie sich nicht durch vermeintliche Dringlichkeit unter Druck setzen. Überprüfen Sie solche Behauptungen immer unabhängig.

Angebote, die zu gut klingen, um wahr zu sein

Merkmale: Anrufer bieten unwiderstehliche Angebote, wie z.B. Gewinne, Investitionsmöglichkeiten oder kostenlose Urlaube.

Vorsichtsmaßnahmen: Seien Sie skeptisch gegenüber solchen Angeboten und geben Sie keine persönlichen Daten oder Geld heraus.

Aufforderungen zur Überweisung von Geld

Merkmale: Der Anrufer bittet um Überweisung von Geld, oft über schwer nachverfolgbare Methoden wie Prepaid-Kreditkarten oder Geldtransferdienste.

Vorsichtsmaßnahmen: Überweisen Sie niemals Geld an jemanden, den Sie nicht persönlich kennen und dessen Identität Sie nicht verifizieren können.

Anrufe mit unvollständigen oder verdächtigen Informationen

Merkmale: Der Anrufer kann keine spezifischen Informationen über Ihr Konto oder Ihre Person geben, die eine legitime Organisation haben sollte.

Vorsichtsmaßnahmen: Geben Sie keine Bestätigung oder zusätzliche Informationen, wenn der Anrufer keine konkreten und verifizierbaren Details bereitstellen kann.

Fehlende oder manipulierte Anrufer-ID

Merkmale: Die Anrufer-ID ist unterdrückt, nicht erkennbar oder erscheint gefälscht.

Vorsichtsmaßnahmen: Seien Sie bei unbekannten oder versteckten Nummern vorsichtig und verlassen Sie sich nicht ausschließlich auf die Anrufer-ID zur Verifizierung.

Indem Sie diese Merkmale kennen und eine kritische Haltung gegenüber unbekannten Anrufern einnehmen, können Sie sich effektiv vor Telefonbetrug schützen. Im Zweifelsfall ist es immer sicherer, den Anruf zu beenden und sich direkt an die betreffende Organisation zu wenden, um die Echtheit des Anrufs zu überprüfen.

46 Richtiger Umgang mit verdächtigen Anrufen

Wenn Sie einen verdächtigen Anruf erhalten, ist es wichtig, richtig zu reagieren, um sich vor möglichem Betrug zu schützen. Hier sind einige empfohlene Vorgehensweisen:

Bewahren Sie Ruhe und bleiben Sie skeptisch

Grundhaltung: Lassen Sie sich nicht durch vermeintliche Dringlichkeit oder Drohungen unter Druck setzen. Betrüger nutzen oft Angst und Dringlichkeit, um schnelle Entscheidungen zu erzwingen.

Geben Sie keine persönlichen Informationen preis

Sensible Daten: Vermeiden Sie es, persönliche oder finanzielle Informationen wie Sozialversicherungsnummern, Bankdaten oder Passwörter zu teilen.

Beenden Sie den Anruf, wenn nötig

Sicherheit zuerst: Wenn Sie Zweifel an der Legitimität des Anrufers haben, beenden Sie das Gespräch. Es ist besser, vorsichtig zu sein.

Überprüfen Sie die Informationen unabhängig

Eigenständige Verifizierung: Kontaktieren Sie die Organisation, die der Anrufer zu repräsentieren behauptet, über eine offizielle Telefonnummer oder Website, um die Echtheit des Anrufs zu überprüfen.

Notieren Sie sich Details

Dokumentation: Wenn möglich, notieren Sie sich die Telefonnummer des Anrufers, den Namen, den sie verwenden, und andere relevante Informationen, die für eine spätere Untersuchung nützlich sein könnten.

Verwenden Sie einen Anrufblocker

Technologie nutzen: Setzen Sie Anrufblockierdienste ein, um bekannte betrügerische Nummern zu blockieren.

Informieren Sie Behörden

Berichterstattung: Informieren Sie die zuständigen Behörden, insbesondere wenn Sie glauben, dass es sich um einen Betrugsversuch handelt. Dies kann helfen, andere potenzielle Opfer zu warnen.

Bleiben Sie informiert

Aktuelle Betrugsmethoden: Halten Sie sich über gängige Betrugsmethoden auf dem Laufenden, um besser vorbereitet zu sein.

47 Für das Festnetztelefon

Nutzung von Anrufblockierungsdiensten des Anbieters

Schritt 1: Kontaktieren Sie Ihren Festnetztelefonanbieter und erkundigen Sie sich nach verfügbaren Anrufblockierungsdiensten.

Schritt 2: Befolgen Sie die Anweisungen des Anbieters, um bestimmte Rufnummern oder Anrufarten zu blockieren.

Verwendung eines Anrufblockierungsgeräts

Schritt 1: Erwerben Sie ein Anrufblockierungsgerät, das zwischen Ihrem Telefon und der Telefonbuchse installiert wird.

Schritt 2: Verbinden Sie das Gerät gemäß der mitgelieferten Anleitung.

Schritt 3: Programmieren Sie das Gerät, um bestimmte Nummern oder Anruftypen zu blockieren.

Nutzung von Smartphone-Funktionen zur Anrufblockierung

Schritt 1: Gehen Sie zu den Einstellungen Ihrer Telefon-App.

Schritt 2: Suchen Sie nach Einstellungen für Anrufblockierung oder Spam-Schutz.

Schritt 3: Aktivieren Sie die Funktionen oder erstellen Sie eine Liste von Nummern, die Sie blockieren möchten.

Einsatz von Drittanbieter-Apps

Schritt 1: Laden Sie eine vertrauenswürdige Anrufblockierungs-App aus dem *App Store (iOS)* oder *Google Play Store (Android)* herunter.

Schritt 2: Richten Sie die App gemäß den Anweisungen ein, um unerwünschte Anrufe zu blockieren.

Bitte beachten Sie bei allen Schritten, dass die genauen Optionen und Einstellungen je nach Gerät und Betriebssystemversion variieren können. Prüfen Sie immer die neuesten Funktionen Ihres spezifischen Telefonmodells und Ihres Anbieters.

Durch diese Maßnahmen können Sie sich besser vor Telefonbetrug schützen und sicherstellen, dass Ihre persönlichen und finanziellen Informationen sicher bleiben. Es ist immer besser, bei Verdacht auf Betrug vorsichtig zu sein und sich die Zeit zu nehmen, die Glaubwürdigkeit eines Anrufs zu überprüfen.

48 Mobile Sicherheit: Schutz von Smartphones und Tablets

Smartphones und Tablets sind heute unverzichtbare Geräte im täglichen Leben und Enthalten oft eine Fülle persönlicher Informationen. Daher ist es wichtig, Maßnahmen zu ergreifen, um diese Geräte und die darauf gespeicherten Daten zu schützen. Hier sind einige wichtige Aspekte der mobilen Sicherheit:

Sichern des Geräts

Bildschirmsperren: Verwenden Sie eine starke Bildschirmsperre, wie ein Passwort, eine PIN, ein Muster oder biometrische Authentifizierung (Fingerabdruck oder Gesichtserkennung).

Aktualisierte Software: Halten Sie Ihr Betriebssystem und Ihre Apps stets auf dem neuesten Stand. Software-Updates beinhalten oft wichtige Sicherheitsverbesserungen.

Vorsicht bei Apps

App-Berechtigungen: Überprüfen Sie die Berechtigungen, die Apps anfordern, und erteilen Sie nur Berechtigungen, die für die Funktionalität der App notwendig sind.

Offizielle App-Stores: Laden Sie Apps nur aus vertrauenswürdigen Quellen wie dem *Apple App Store* oder dem *Google Play Store* herunter.

Schutz vor Malware und Viren

Antivirus-Software: Installieren Sie eine vertrauenswürdige Antivirus-App, um Ihr Gerät vor Malware und Viren zu schützen.

Vorsicht bei Anhängen und Links: Seien Sie vorsichtig beim Öffnen von E-Mail-Anhängen oder beim Klicken auf Links, besonders wenn sie von unbekannten Absendern stammen.

Sicherung persönlicher Daten

Datensicherung: Sichern Sie regelmäßig wichtige Daten, entweder in der Cloud oder auf einem externen Speichergerät.

Verschlüsselung: Nutzen Sie Verschlüsselungsmöglichkeiten, um sensible Daten auf Ihrem Gerät zu schützen.

Öffentliches WLAN mit Vorsicht nutzen

VPN verwenden: Ein virtuelles privates Netzwerk (VPN) verschlüsselt Ihre Datenverbindung, wenn Sie öffentliches WLAN nutzen.

Vorsicht mit öffentlichen Netzwerken: Vermeiden Sie es, sensible Transaktionen wie Online-Banking in öffentlichen WLAN-Netzen durchzuführen.

Physischer Diebstahlschutz

Geräteortung: Aktivieren Sie Funktionen zur Ortung Ihres Geräts, um es im Falle eines Verlusts oder Diebstahls aufspüren zu können.

Remote-Löschung: Richten Sie die Möglichkeit ein, Daten aus der Ferne zu löschen, falls Ihr Gerät gestohlen wird.

49 Für das Mobiltelefon

Blockieren einer Nummer direkt auf dem Smartphone

Android
Schritt 1: Öffnen Sie die Telefon-App.
Schritt 2: Gehen Sie zum Anrufprotokoll oder zu Kontakten und wählen Sie die Nummer, die Sie blockieren möchten.
Schritt 3: Tippen Sie auf das Menüsymbol (drei Punkte) und wählen Sie „Nummer blockieren".

iPhone
Schritt 1: Öffnen Sie die Telefon-App.
Schritt 2: Gehen Sie zu „Letzte" und tippen Sie auf das Info-Symbol neben der Nummer.
Schritt 3: Scrollen Sie nach unten und wählen Sie „Anrufer blockieren".

Durch die Umsetzung dieser Sicherheitsmaßnahmen können Sie Ihre mobilen Geräte effektiv vor einer Vielzahl von Bedrohungen schützen und Ihre persönlichen Daten sichern. Mobile Sicherheit ist ein fortlaufender Prozess, der regelmäßige Überprüfungen und Anpassungen erfordert, um mit neuen Bedrohungen Schritt zu halten.

50 Mobile Sicherheit: Beispielhafte Sicherheits-Apps

Für den Schutz von Smartphones und Tablets gibt es eine Vielzahl von Sicherheits-Apps, die unterschiedliche Funktionen bieten, um Ihr Gerät und Ihre Daten zu schützen. Hier sind einige Beispiele für beliebte Sicherheits-Apps:

Antivirus- und Anti-Malware-Apps

Norton Mobile Security: Bietet umfassenden Schutz vor Viren, Malware, Spyware und Online-Bedrohungen.

McAfee Mobile Security: Eine bekannte Sicherheits-App, die Gerätesicherung, Diebstahlschutz und Antivirus-Schutz bietet.

Avast Mobile Security: Beliebt für ihre Antivirus-Funktionen und bietet zusätzlich Tools wie *App-Locker* und *VPN*-Dienste.

VPN-Apps

NordVPN: Eines der bekanntesten VPNs, bietet sichere und private Internetzugänge.

ExpressVPN: Bekannt für schnelle Geschwindigkeiten und starke Sicherheitsfunktionen.

TunnelBear: Benutzerfreundliches VPN mit einem Schwerpunkt auf Einfachheit und Design.

Passwort-Manager

LastPass: Speichert und verwaltet Passwörter sicher und generiert starke Passwörter.

Dashlane: Bietet neben der Passwortverwaltung auch Funktionen zur Identitätsüberwachung und sicheren Datenspeicherung.

1Password: Eine umfassende Lösung für Passwortverwaltung mit einer starken Betonung auf Sicherheit und Benutzerfreundlichkeit.

Apps zur Geräteortung und Fernlöschung

Find My Device (Android): Ermöglicht es Ihnen, verlorene *Android-Geräte* zu orten, zu sperren oder aus der Ferne zu löschen.

Find My iPhone (iOS): Bietet ähnliche Funktionen für *Apple-Geräte*, einschließlich Ortung, Sperrung und Löschung.

Datenschutz- und Sicherheits-Apps

ProtonMail: Bietet verschlüsselte E-Mail-Dienste für verbesserte Privatsphäre und Sicherheit.

Signal Private Messenger: Eine Messaging-App, die sich auf sichere Kommunikation mit Ende-zu-Ende-Verschlüsselung konzentriert.

Diese Apps bieten verschiedene Sicherheitsfunktionen, die von Virenschutz über VPN-Dienste bis hin zur Passwortverwaltung reichen. Es ist wichtig, Apps von vertrauenswürdigen Entwicklern zu wählen und regelmäßig zu aktualisieren, um einen optimalen Schutz zu gewährleisten.

51 Finanzielle Sicherheit

Sicheres Online-Banking: Einrichten und Nutzen

Online-Banking bietet Komfort und Flexibilität für finanzielle Transaktionen, erfordert jedoch Vorsichtsmaßnahmen, um Sicherheit und Schutz vor Betrug zu gewährleisten. Hier sind wichtige Schritte und Tipps für sicheres Online-Banking:

Sicheres Einrichten des Online-Banking-Kontos

Starke Passwörter: Verwenden Sie ein starkes, einzigartiges Passwort für Ihr Online-Banking-Konto. Es sollte eine Kombination aus Buchstaben, Zahlen und Sonderzeichen enthalten.

Zwei-Faktor-Authentifizierung (2FA): Aktivieren Sie, wenn möglich, 2FA für zusätzliche Sicherheit. Dies erfordert neben Ihrem Passwort einen weiteren Authentifizierungsfaktor, wie einen Code, der an Ihr Handy gesendet wird.

Sichere Nutzung von Online-Banking

Sichere Internetverbindung: Vermeiden Sie das Einloggen in Ihr Online-Banking über öffentliche WLAN-Netze. Nutzen Sie stattdessen eine sichere und private Verbindung.

Regelmäßige Überprüfung der Kontobewegungen: Überwachen Sie Ihr Konto regelmäßig auf unerklärliche Transaktionen oder verdächtige Aktivitäten.

Aktualisierte Anti-Virus-Software: Stellen Sie sicher, dass Ihr Gerät mit einer aktuellen Anti-Virus-Software ausgestattet ist.

Vorsicht bei E-Mails und Phishing-Versuchen

Phishing-E-Mails: Seien Sie wachsam gegenüber E-Mails, die vorgeben, von Ihrer Bank zu sein und nach persönlichen Informationen oder Anmeldedaten fragen.

Direkter Kontakt zur Bank: Bei Unsicherheiten kontaktieren Sie Ihre Bank direkt über offizielle Kanäle.

Sicherheit auf mobilen Geräten

Banking-Apps: Verwenden Sie nur offizielle Banking-Apps Ihrer Bank und laden Sie sie aus vertrauenswürdigen Quellen wie dem *Apple App Store* oder *Google Play* herunter.

Sperren des Geräts: Sichern Sie Ihr Smartphone oder Tablet mit einer Bildschirmsperre.

Umgang mit sensiblen Informationen

Teilen von Informationen: Geben Sie keine Bankdaten über Telefon, E-Mail oder SMS weiter, es sei denn, Sie haben die Anfrage selbst initiiert und sind sicher, dass die Kommunikation sicher ist.

Datenschutz: Seien Sie vorsichtig beim Speichern von sensiblen Bankinformationen auf Ihrem Gerät.

Durch die Befolgung dieser Richtlinien können Sie die Sicherheit beim Online-Banking erhöhen und sich vor finanziellen Betrügereien schützen. Die Kombination aus starken Sicherheitspraktiken und regelmäßiger Überwachung Ihrer Konten ist der Schlüssel zur Aufrechterhaltung Ihrer finanziellen Sicherheit.

52 Beispiele für Banking-Trojaner

Banking-Trojaner sind eine Art von Malware, die speziell darauf ausgelegt ist, Online-Banking-Transaktionen zu infiltrieren und sensible finanzielle Informationen zu stehlen. Hier sind einige bekannte Beispiele für Banking-Trojaner, die in der Vergangenheit für Sicherheitsprobleme gesorgt haben:

Zeus (oder Zbot)

Beschreibung: Einer der berüchtigtsten Banking-Trojaner, bekannt für das Stehlen von Bankinformationen durch Keylogging und Formular-Grabbing.

Vorgehensweise: *Zeus* infiziert Computer über *Phishing-E-Mails* oder *Drive-by-Downloads* und zeichnet dann die Anmeldedaten für Online-Banking auf.

In der Regel fangen sich die Benutzer die meisten Schadprogramme dann ein, wenn sie aus Versehen auf einen Link klicken oder sonst eine aktive Handlung vornehmen. Daher sind die meisten Leute im Internet besonders dann vorsichtig, wenn es darum geht, einen Anhang aus der E-Mail zu öffnen oder einen Link zu klicken, dem sie nicht vertrauen.

Der *Drive-by-Download* macht sich diese Vorsicht zu Nutze und versucht nicht über die typische Methode auf den Rechner der Benutzer zu gelangen. In vielen Fällen wird nicht einmal bemerkt, dass man ein Opfer einer solchen Attacke geworden ist. Und genau das macht den *Drive-by-Download* als potentielle Gefahr für den eigenen Rechner auch so gefährlich.

Emotet

Beschreibung: Ursprünglich als Banking-Trojaner gestartet, entwickelte sich *Emotet* zu einer der gefährlichsten und vielseitigsten Malware-Familien.

Vorgehensweise: Verbreitung durch Spam-E-Mails, die schädliche Anhänge oder Links enthalten, und anschließende Installation von Malware, die Finanzdaten stiehlt.

Dridex

Beschreibung: Ein fortschrittlicher Banking-Trojaner, der auf das Abfangen von Bankzugangsdaten abzielt.

Vorgehensweise: *Dridex* verbreitet sich häufig über bösartige E-Mail-Anhänge und nutzt dann ausgeklügelte Techniken, um Banking-Informationen zu sammeln.

TrickBot

Beschreibung: *TrickBot* ist eine fortgeschrittene und anpassungsfähige Malware, die ursprünglich als Banking-Trojaner begann und später auch andere Funktionen übernahm.

Vorgehensweise: Verbreitet sich über schädliche E-Mail-Kampagnen und manipuliert Browser, um Bankdaten abzufangen.

QakBot (oder QBot)

Beschreibung: Ein Banking-Trojaner, der für seine Fähigkeit bekannt ist, sich schnell zu verbreiten und Sicherheitsmaßnahmen zu umgehen.

Vorgehensweise: *QakBot* infiziert Computer durch *Exploit-Kits* oder *Phishing* und sammelt dann Anmeldedaten für das Online-Banking.

Exploits nutzen Sicherheitsrisiken in Software aus. Ein Sicherheitsrisiko ist wie ein Loch in Ihrer Software, das Schadsoftware nutzen kann, um auf Ihr Gerät zu gelangen. Schadsoftware nutzt diese Sicherheitsrisiken aus, um die Sicherheitsvorkehrungen Ihres Computers zu umgehen, um Ihr Gerät zu infizieren

Schutzmaßnahmen gegen Banking-Trojaner

Aktualisierte Sicherheitssoftware: Verwenden Sie stets eine aktuelle Antivirus-Software und eine Firewall.

Vorsicht bei E-Mails: Öffnen Sie keine Anhänge oder Links in verdächtigen E-Mails.

Regelmäßige Updates: Halten Sie Ihr Betriebssystem und Ihre Software stets auf dem neuesten Stand.

Starke Passwörter und 2FA: Verwenden Sie starke, einzigartige Passwörter und aktivieren Sie, wenn möglich, die Zwei-Faktor-Authentifizierung für Online-Banking.

Indem Sie sich dieser Bedrohungen bewusst sind und geeignete Sicherheitsmaßnahmen ergreifen, können Sie Ihr Risiko, Opfer eines Banking-Trojaners zu werden, erheblich reduzieren.

53 Vertrauenswürdige Online-Shops erkennen

Beim Online-Einkauf ist es wichtig, vertrauenswürdige von unseriösen Shops unterscheiden zu können. Hier sind einige Tipps, wie Sie sichere und vertrauenswürdige Online-Shops erkennen können:

Überprüfen der Website-URL

Sichere Verbindung: Achten Sie darauf, dass die URL der Website mit *"https://"* beginnt, wobei das "s" für eine sichere, verschlüsselte Verbindung steht.

Authentizität der URL: Überprüfen Sie, ob die *URL* korrekt geschrieben ist und keine verdächtigen Zeichen oder Schreibfehler enthält.

Vorhandensein von Kontaktinformationen und Impressum

Kontaktdaten: Ein seriöser Online-Shop sollte leicht auffindbare Kontaktinformationen wie eine Adresse, Telefonnummer und E-Mail-Adresse bereitstellen.

Impressum: In vielen Ländern ist ein Impressum gesetzlich vorgeschrieben. Es enthält Informationen über den Eigentümer der Website und den Unternehmenssitz.

Qualitätsmerkmale der Website

Professionelles Design: Eine gut gestaltete, professionell aussehende Website ist oft ein Indiz für einen vertrauenswürdigen Online-Shop.

Kundenbewertungen: Lesen Sie Kundenbewertungen und Erfahrungsberichte, sowohl auf der Website als auch auf unabhängigen Bewertungsplattformen.

Sicherheitszertifikate und Gütesiegel

SSL-Zertifikate: Ein gültiges SSL-Zertifikat (erkennbar am Schloss-Symbol in der Browserleiste) zeigt an, dass die Website die Daten verschlüsselt.

Gütesiegel: Prüfsiegel wie *Trusted Shops* oder *TÜV-Siegel* können ein Hinweis auf die Seriosität und Sicherheit eines Online-Shops sein.

Klare AGB und Datenschutzrichtlinien

Allgemeine Geschäftsbedingungen: Lesen Sie die AGB sorgfältig durch. Sie sollten klar und verständlich sein.

Datenschutzrichtlinien: Ein seriöser Online-Shop sollte transparent über den Umgang mit Ihren persönlichen Daten informieren.

Zahlungsmöglichkeiten

Sichere Zahlungsoptionen: Vertrauenswürdige Shops bieten in der Regel mehrere bekannte und sichere Zahlungsmethoden an, wie Kreditkarte, *PayPal* oder Banküberweisung.

Verdächtige Zahlungsaufforderungen: Seien Sie vorsichtig, wenn nur Vorauszahlung oder nicht nachverfolgbare Zahlungsmethoden wie Western Union angeboten werden.

Realistische Preise

Preisvergleich: Wenn die Preise deutlich unter dem Marktdurchschnitt liegen, kann dies ein Warnsignal sein.

Indem Sie diese Kriterien berücksichtigen, können Sie das Risiko minimieren, Opfer von Betrügereien beim Online-Einkauf zu werden. Es ist immer ratsam, bei Unklarheiten zusätzliche Recherchen durchzuführen und im Zweifelsfall von einem Kauf abzusehen.

54 Umgang mit Online-Zahlungen

Der sichere Umgang mit Online-Zahlungen ist entscheidend, um Ihre finanziellen Informationen zu schützen und Betrug zu vermeiden. Hier sind einige wichtige Tipps für sichere Online-Zahlungen:

Verwendung sicherer Zahlungsmethoden

Bekannte Dienste: Nutzen Sie etablierte Zahlungsdienste wie Kreditkarten, *PayPal* oder direkte Banküberweisungen.

In Deutschland werden verschiedene etablierte Online-Zahlungssysteme genutzt, die sowohl Sicherheit als auch Komfort bieten. Hier sind einige der gängigsten Systeme:

PayPal

Beschreibung: *PayPal* ist eines der weltweit führenden Online-Zahlungssysteme. Es ermöglicht Nutzern, Geldtransaktionen über das Internet durchzuführen, ohne finanzielle Details an den Verkäufer weiterzugeben.

Funktionsweise: Nutzer erstellen ein *PayPal*-Konto, das mit ihrer Kreditkarte oder ihrem Bankkonto verknüpft ist. Zahlungen können dann über die E-Mail-Adresse des Empfängers getätigt werden.

Sicherheit: *PayPal* bietet einen umfassenden Käuferschutz und nutzt fortschrittliche Verschlüsselungstechnologien.

Sofortüberweisung (Klarna)

Beschreibung: Sofortüberweisung, jetzt Teil von *Klarna,* ist ein Direktzahlungssystem, das die Online-Banking-Daten des Nutzers verwendet, um sofortige Überweisungen durchzuführen.

Funktionsweise: Beim Online-Einkauf wählt der Käufer Sofortüberweisung als Zahlungsmethode, loggt sich in sein Online-Banking-Konto ein und bestätigt die Transaktion.

Sicherheit: Die Transaktionen sind durch das Sicherheitssystem des jeweiligen Online-Bankings des Nutzers geschützt.

Giropay

Beschreibung: *Giropay* ist ein weiteres Online-Bezahlsystem, das auf dem Online-Banking der teilnehmenden Banken basiert.

Funktionsweise: Ähnlich wie bei Sofortüberweisung, ermöglicht *Giropay* Nutzern, direkt von ihrem Bankkonto zu zahlen, ohne persönliche Bankinformationen an den Händler weiterzugeben.

Sicherheit: Es nutzt die Sicherheitsstandards des Online-Bankings, einschließlich TAN-Verfahren.

SEPA-Lastschrift

Beschreibung: *SEPA*-Lastschrift ermöglicht Händlern, Zahlungen direkt vom Bankkonto des Kunden einzuziehen, mit dessen Zustimmung.

Funktionsweise: Kunden erteilen dem Händler eine *SEPA*-Lastschriftmandat, das es dem Händler erlaubt, den Rechnungsbetrag vom Konto des Kunden abzubuchen.

Sicherheit: Kunden haben die Möglichkeit, Lastschriften innerhalb einer bestimmten Frist zu widerrufen, was eine zusätzliche Sicherheitsebene bietet.

Kreditkarten (Visa, MasterCard)

Beschreibung: Kreditkarten (*Visa, MasterCard*) sind auch online eine weit verbreitete Zahlungsmethode.

Funktionsweise: Beim Online-Kauf geben Kunden ihre Kreditkarteninformationen ein, die dann für die Zahlungsabwicklung verwendet werden.

Sicherheit: Viele Kreditkartenunternehmen bieten erweiterte Sicherheitsfunktionen wie Einmal-Passwörter oder Benachrichtigungen bei jeder Transaktion.

Paydirekt

Beschreibung: *Paydirekt* ist ein Online-Bezahlverfahren, das von deutschen Banken angeboten wird und eine Alternative zu internationalen Zahlungssystemen darstellt.

Funktionsweise: Nutzer registrieren sich bei *Paydirekt* und verknüpfen ihr Konto mit ihrem Online-Banking. Zahlungen werden direkt vom Bankkonto abgebucht.

Sicherheit: *Paydirekt* bietet einen Käuferschutz und nutzt die Sicherheitsinfrastruktur des deutschen Online-Bankings.

Diese Zahlungssysteme bieten unterschiedliche Vorteile und Sicherheitsmerkmale. Bei der Auswahl der besten Option für Online-Transaktionen sollten Sie Ihre individuellen Bedürfnisse und die Sicherheitsstandards jedes Systems berücksichtigen.

Kreditkarten vs. Debitkarten: Kreditkarten bieten in der Regel besseren Schutz gegen Betrug als Debitkarten.

Überprüfen der Website-Sicherheit
Sichere Verbindung: Stellen Sie sicher, dass die Website eine sichere Verbindung (HTTPS) verwendet, erkennbar am Schloss-Symbol in der Adressleiste.
Vermeiden unsicherer Websites: Geben Sie keine Zahlungsinformationen auf Websites ein, die nicht sicher erscheinen.

Schutz persönlicher Informationen
Minimierung der Datenfreigabe: Geben Sie nur die notwendigen Informationen für die Transaktion an.
Vorsicht bei gespeicherten Daten: Seien Sie vorsichtig, wenn Online-Shops anbieten, Ihre Zahlungsinformationen für zukünftige Einkäufe zu speichern.

Überwachung von Kontoauszügen
Regelmäßige Kontrolle: Überprüfen Sie regelmäßig Ihre Kontoauszüge und Kreditkartenabrechnungen auf unautorisierte oder verdächtige Transaktionen.

Verwendung von sicheren Netzwerken
Vermeidung öffentlicher WLAN-Netze: Tätigen Sie keine Online-Zahlungen über öffentliches oder ungesichertes WLAN.

Vorsicht bei E-Mail-Benachrichtigungen
Phishing-E-Mails: Seien Sie wachsam gegenüber E-Mails, die Sie zur Eingabe von Zahlungsinformationen auffordern. Offizielle Kommunikation wird Sie niemals direkt nach sensiblen Zahlungsdetails fragen.

Nutzung von Zwei-Faktor-Authentifizierung (2FA)
Zusätzlicher Schutz: Aktivieren Sie 2FA für Ihre Online-Zahlungskonten, wenn diese Option verfügbar ist.

Aktualisierte Sicherheitssoftware
Schutz vor Malware: Stellen Sie sicher, dass Ihr Computer oder Mobilgerät mit aktueller Antivirus-Software und Firewall geschützt ist.

Durch die Beachtung dieser Richtlinien können Sie Ihre finanziellen Informationen beim Online-Einkauf schützen und das Risiko von Betrug und Diebstahl minimieren. Sicheres Online-Shopping erfordert ein bewusstes Sicherheitsbewusstsein und sorgfältige Überprüfung aller Transaktionen.

55 Verträge

Für ältere Menschen ist es besonders wichtig, bei Verträgen und Vertragskündigungen achtsam und informiert zu handeln. Hier sind einige Punkte, die berücksichtigt werden sollten:

Beim Abschluss von Verträgen

Verständlichkeit
Stellen Sie sicher, dass Sie alle Bedingungen und Klauseln des Vertrags verstehen. Scheuen Sie sich nicht, um Erklärungen zu bitten oder einen Verwandten, Freund oder rechtlichen Beistand um Hilfe zu fragen.

Konditionen prüfen
Achten Sie auf Laufzeiten, Kündigungsfristen, Kosten und eventuelle Gebühren für vorzeitige Kündigung.

Bedarf abwägen
Überlegen Sie, ob Sie den Service oder das Produkt wirklich benötigen und ob es Ihren Bedürfnissen entspricht.

Vorsicht bei langfristigen Bindungen
Seien Sie vorsichtig bei langfristigen Vertragsbindungen und prüfen Sie, ob kürzere Laufzeiten oder flexible Tarife verfügbar sind.

Keine vorschnellen Entscheidungen
Lassen Sie sich nicht unter Druck setzen und nehmen Sie sich Zeit, bevor Sie einen Vertrag unterschreiben. Lieber mal eine Nacht darüber schlafen.

56 Vertragskündigungen

Kündigungsfristen beachten
Informieren Sie sich über die Kündigungsfristen und halten Sie diese ein, um zusätzliche Kosten zu vermeiden.

Schriftliche Kündigung
Kündigen Sie Verträge idealerweise immer schriftlich per Einschreiben, um einen Nachweis zu haben.

Bestätigung anfordern
Bitten Sie immer um eine schriftliche Bestätigung der Kündigung und bewahren Sie diese auf.

Vertragsdetails prüfen
Überprüfen Sie vor der Kündigung, ob besondere Bedingungen oder Gebühren für die Vertragsauflösung gelten.

Automatische Verlängerungen
Seien Sie sich bewusst, dass manche Verträge sich automatisch verlängern, wenn sie nicht fristgerecht gekündigt werden.

Rückfragen bei Unklarheiten
Bei Unklarheiten oder Problemen mit der Kündigung, kontaktieren Sie den Anbieter oder suchen Sie rechtliche Beratung.

Generell ist es ratsam, bei allen Vertragsangelegenheiten sorgfältig und überlegt zu handeln. Ältere Menschen sollten sich nicht scheuen, Unterstützung zu suchen, wenn sie sich bei Verträgen oder deren Kündigung unsicher fühlen.
In Deutschland gibt es verschiedene Anlaufstellen und Organisationen, bei denen sich ältere Menschen Unterstützung zu Vertragsangelegenheiten einholen können:

Verbraucherzentralen: Die Verbraucherzentralen in jedem Bundesland bieten Beratung zu Vertragsfragen, einschließlich der Überprüfung von Verträgen und Hilfe bei Problemen mit Dienstleistern oder Anbietern.

Seniorenberatungsstellen: Viele Städte und Gemeinden verfügen über spezielle Beratungsstellen für ältere Menschen, die Informationen und Unterstützung in verschiedenen Lebensbereichen, einschließlich Vertragsangelegenheiten, anbieten.

Sozialverbände und Seniorenorganisationen: Organisationen wie der *Sozialverband Deutschland (SoVD)* oder der *Bund der Senioren* bieten Beratung und Unterstützung für ältere Menschen an.

Anwälte für Vertragsrecht: Bei komplexeren Vertragsfragen kann es sinnvoll sein, sich an einen Rechtsanwalt zu wenden, der auf Vertragsrecht spezialisiert ist.

Online-Beratungsangebote: Verschiedene Online-Plattformen bieten rechtliche Beratung, teilweise auch speziell für Senioren.

Betreuungsvereine: Diese Vereine unterstützen unter anderem bei der Klärung rechtlicher Fragen und können insbesondere in Fällen von Betreuungsbedarf Hilfestellung leisten.

Familienangehörige und Bekannte: Oftmals können auch Familienmitglieder oder vertraute Personen Unterstützung bei der Durchsicht und dem Verständnis von Verträgen bieten.

Es ist wichtig, dass ältere Menschen sich bei Unsicherheiten im Umgang mit Verträgen Hilfe suchen und sich nicht scheuen, Fragen zu stellen und Unterstützung in Anspruch zu nehmen.

Lieber einmal mehr fragen als einmal zu wenig!

57 Fortgeschrittene Themen

Sicherheit in WLAN-Netzwerken: Gefahren in öffentlichen Netzwerken

Öffentliche WLAN-Netzwerke, wie sie in Cafés, Flughäfen oder Hotels angeboten werden, sind bequem, bergen aber auch spezifische Sicherheitsrisiken. Hier sind einige der Hauptgefahren, die mit der Nutzung öffentlicher Netzwerke verbunden sind, und Beispiele dazu:

Unverschlüsselte Verbindungen

Gefahr: Viele öffentliche WLANs verwenden keine Verschlüsselung, was bedeutet, dass die übertragenen Daten für jeden, der im Netzwerk lauscht, leicht zugänglich sind.

Beispiel: Ein Hacker könnte Ihre E-Mails oder die von Ihnen besuchten Websites ausspionieren, während Sie über ein unverschlüsseltes WLAN im Café surfen.

Man-in-the-Middle-Angriffe

Gefahr: Bei einem Man-in-the-Middle-Angriff schaltet sich ein Angreifer zwischen Ihr Gerät und den Server, mit dem Sie kommunizieren, und kann Daten abfangen und möglicherweise manipulieren.

Beispiel: Während einer Online-Banktransaktion könnte ein Hacker die Kommunikation übernehmen und Ihre Bankdaten stehlen.

Gefälschte Hotspots

Gefahr: Betrüger können gefälschte WLAN-Hotspots einrichten, die legitimen Netzwerken ähneln, um ahnungslose Nutzer dazu zu verleiten, sich zu verbinden.

Beispiel: Ein gefälschter Hotspot namens „Free_Airport_WiFi" könnte dazu dienen, die Anmeldeinformationen von Reisenden zu stehlen.

Verbreitung von Malware

Gefahr: Über unsichere WLAN-Netzwerke kann Malware auf Ihr Gerät gelangen, insbesondere wenn Ihr Gerät nicht richtig gesichert ist.

Beispiel: Ein Virus oder Trojaner könnte durch eine Schwachstelle in der Netzwerkverbindung auf Ihr Gerät übertragen werden.

Sniffing und Eavesdropping

Gefahr: Hacker können spezielle Software (Sniffer) verwenden, um Daten zu erfassen, die über ein öffentliches Netzwerk gesendet werden.

Sniffing ist eine heimtückisch von Hackern verwendete Technik, um Daten in Echtzeit auf einem Netzwerk zu erfassen. Die Schwierigkeit, sich als Opfer von Sniffing zu erkennen, macht es sehr gefährlich für Privatpersonen und Unternehmen.

Der Begriff Eavesdropping leitet sich von Kriminellen ab, die unter dem Dachvorsprung (Englisch „eaves") eines Hauses stehen und ein Gespräch belauschen. Online geht es um das Erschnüffeln von Daten, was als Network Eavesdropping bezeichnet wird

Beispiel: Persönliche Informationen wie Passwörter und Kreditkartendaten können abgefangen werden, wenn sie über ein ungesichertes Netzwerk gesendet werden.

Vorsichtsmaßnahmen und Schutzmaßnahmen

VPN nutzen: Ein Virtual Private Network (VPN) verschlüsselt Ihren Datenverkehr, selbst wenn das WLAN-Netzwerk ungesichert ist.

Aktualisierte Sicherheitssoftware: Stellen Sie sicher, dass Ihre Antivirus-Software und Firewall aktiviert und auf dem neuesten Stand sind.

Vorsicht bei der Datenübertragung: Vermeiden Sie die Durchführung sensibler Transaktionen wie Online-Banking oder Einkäufe über öffentliche Netzwerke.

Netzwerkeinstellungen prüfen: Deaktivieren Sie die automatische Verbindung zu offenen Netzwerken auf Ihren Geräten.

Seien Sie sich dieser Risiken bewusst und ergreifen Sie angemessene Sicherheitsmaßnahmen, dadurch können Sie die Gefahren, die mit der Nutzung öffentlicher WLAN-Netzwerke verbunden sind, erheblich reduzieren.

58 Sicherheitsmaßnahmen für Heimnetzwerke

Sicherheitsmaßnahmen für Heimnetzwerke sind entscheidend, um Ihre Daten und Geräte vor externen Bedrohungen zu schützen. Hier sind einige wichtige Schritte und Beispiele, wie Sie Ihr Heimnetzwerk sicherer machen können:

Sichere WLAN-Einrichtung

Starkes WLAN-Passwort: Verwenden Sie ein starkes Passwort für Ihr WLAN-Netzwerk. Dies sollte eine Kombination aus Buchstaben, Zahlen und Sonderzeichen sein.

Verschlüsselung aktivieren: Stellen Sie sicher, dass Ihr WLAN-Netzwerk WPA2- oder WPA3-Verschlüsselung nutzt, um den Datenverkehr zu schützen.

Änderung der Standard-Router-Einstellungen

Standard-Login ändern: Ändern Sie den Standard-Benutzernamen und das Passwort Ihres Routers, um unbefugten Zugriff zu verhindern.

Netzwerkname (SSID) anpassen: Benennen Sie Ihr WLAN-Netzwerk um, um es weniger erkennbar zu machen, und vermeiden Sie die Angabe persönlicher Informationen.

Regelmäßige Updates

Router-Firmware aktualisieren: Halten Sie die Firmware Ihres Routers auf dem neuesten Stand, um Sicherheitslücken zu schließen und verbesserte Funktionen zu nutzen.

Automatische Updates aktivieren: Viele moderne Router bieten die Möglichkeit, automatische Updates zu aktivieren.

Verwendung von Firewalls

Netzwerk-Firewall: Die meisten Router haben eine integrierte Firewall. Stellen Sie sicher, dass diese aktiviert ist, um Ihr Netzwerk vor unerwünschtem Datenverkehr zu schützen.

Firewalls auf Geräten: Aktivieren Sie auch die Firewalls auf Ihren Computern und mobilen Geräten.

Getrennte Netzwerke für Gäste

Gäste-WLAN einrichten: Richten Sie ein separates Gäste-WLAN ein, um Besuchern Internetzugang zu gewähren, ohne ihnen Zugriff auf Ihr Hauptnetzwerk zu ermöglichen oder deaktivieren Sie das Gäste-WLAN.

Einschränkung des Netzwerkzugriffs

Zugriffssteuerung: Nutzen Sie MAC-Adressfilterung oder ähnliche Funktionen, um zu steuern, welche Geräte auf Ihr Netzwerk zugreifen können.
Den MAC-Filter aktivieren Sie über "WLAN-Zugang auf die bekannten WLAN-Geräte beschränken". Alle bisher angelernten Geräte dürfen also ins WLAN, neue Geräte nicht. Um ein neues Gerät hinzuzufügen, gibt es einen eigenen Menüpunkt, über den Sie dann die entsprechende MAC-Adresse des Geräts eintragen können.

VPN für zusätzliche Sicherheit

VPN-Nutzung: Ein Virtual Private Network (VPN) kann für eine zusätzliche Sicherheitsebene sorgen, insbesondere wenn Sie von zu Hause aus arbeiten oder sensible Daten übertragen.

Sensible Geräte vom Netzwerk trennen

Internet of Things (IoT)-Geräte: Schließen Sie nur notwendige Geräte an Ihr Netzwerk an und trennen Sie Geräte, die nicht ständig online sein müssen, um das Risiko von Cyberangriffen zu minimieren.

Indem Sie diese Maßnahmen umsetzen, können Sie Ihr Heimnetzwerk effektiv vor externen Bedrohungen schützen und Ihre persönlichen Daten sichern. Ein bewusstes Management Ihres Heimnetzwerks ist entscheidend für die Aufrechterhaltung Ihrer digitalen Sicherheit.

59 Datensicherung und -wiederherstellung

Datensicherung und -wiederherstellung sind essenzielle Bestandteile des Schutzes Ihrer digitalen Informationen. Hier sind Methoden zur Datensicherung und Schritte zur Datenwiederherstellung:

Methoden zur Datensicherung

1. **Externe Festplatten**:
   - Sichern Sie Ihre Daten regelmäßig auf externe Festplatten.
   - Vorteil: Einfach und relativ kostengünstig.
   - Beachten: Externe Laufwerke sollten an einem sicheren Ort aufbewahrt und regelmäßig aktualisiert werden.

2. **USB-Sticks**:
   - Für kleinere Datenmengen können USB-Sticks verwendet werden.
   - Vorteil: Tragbar und leicht zu verwenden.
   - Beachten: Nicht für langfristige oder umfangreiche Datenspeicherung empfohlen.

3. **Cloud-Speicherung**:
   - Dienste wie *Google Drive, Dropbox* oder OneDrive bieten Online-Speicherplatz.
   - Vorteil: Zugriff von überall, keine physische Speicherung notwendig.
   - Beachten: Wählen Sie einen vertrauenswürdigen Anbieter und verwenden Sie starke Passwörter und 2FA.

4. **Netzwerkspeicher (NAS)**:
   - Netzwerkspeicherlösungen sind ideal für größere Datenmengen und mehrere Benutzer.
   - Vorteil: Zentraler Speicherort im Heimnetzwerk.
   - Beachten: Erfordert eine gewisse technische Einrichtung und Wartung.

Schritte zur Datenwiederherstellung

1. **Überprüfung der Sicherungskopien**:
   - Stellen Sie sicher, dass Ihre Backups aktuell und unbeschädigt sind.

- Wiederherstellungstests durchführen, um die Integrität der Sicherungen zu überprüfen.

2. Verwenden von Datenwiederherstellungssoftware:
- Im Falle eines Datenverlusts kann spezialisierte Software zur Datenrettung eingesetzt werden.
- Wichtig: Vermeiden Sie die weitere Nutzung des betroffenen Geräts, um eine Überschreibung verlorener Daten zu verhindern.

3. Wiederherstellung aus der Cloud:
- Wenn Sie Cloud-basierte Backups verwenden, können Sie verlorene Daten meist einfach direkt aus der Cloud wiederherstellen.

4. Professionelle Datenrettungsdienste:
- Bei schwerwiegenden Fällen, wie physischen Schäden an der Festplatte, kann es notwendig sein, professionelle Datenrettungsdienste in Anspruch zu nehmen.

5. Regelmäßige Überprüfung und Aktualisierung der Backup-Strategie:
- Überprüfen Sie regelmäßig Ihre Backup-Routinen und passen Sie sie an neue Daten oder veränderte Anforderungen an.

Die regelmäßige Durchführung von Backups und das Wissen um die Wiederherstellung von Daten können entscheidend sein, um im Falle eines Datenverlusts durch Hardwarefehler, Malware-Angriffe oder andere unerwartete Ereignisse vorbereitet zu sein. Ein umfassender Ansatz für Datensicherung und -wiederherstellung ist ein wesentlicher Bestandteil eines robusten Sicherheitskonzepts.

60 Praktische Übungen und Anleitungen - Sicherheit

Praktische Übungen und Anleitungen zu Sicherheitsthemen

Übung 1: Einrichten eines sicheren Passworts

Ziel: Erstellen und Implementieren eines starken Passworts für Ihre Online-Konten.

Schritte:

1. Wählen Sie ein Konto aus, für das Sie das Passwort ändern möchten.
2. Erstellen Sie ein Passwort, das mindestens 12 Zeichen lang ist und eine Mischung aus Groß- und Kleinbuchstaben, Zahlen und Sonderzeichen enthält.
3. Ändern Sie das Passwort des gewählten Kontos.
4. Notieren Sie sich das Passwort sicher oder verwenden Sie einen Passwortmanager.

Übung 2: Überprüfen der WLAN-Sicherheit zu Hause

Ziel: Sicherstellen, dass Ihr Heim-WLAN sicher konfiguriert ist.

Schritte:

1. Melden Sie sich an Ihrem Router an (meist über eine Webadresse wie 192.168.0.1).
2. Überprüfen Sie, ob WPA2- oder WPA3-Verschlüsselung aktiviert ist.
3. Ändern Sie das WLAN-Passwort und den Namen des Netzwerks (SSID), wenn sie noch auf den Standardeinstellungen sind.
4. Überprüfen Sie die Liste der mit Ihrem Netzwerk verbundenen Geräte auf Unbekannte.

Übung 3: Installieren und Verwenden eines VPN

Ziel: Einrichten und Testen eines VPN-Dienstes für sicheres Surfen.

Schritte:

1. Wählen Sie einen vertrauenswürdigen VPN-Anbieter aus.
2. Laden Sie die VPN-Software herunter und installieren Sie sie auf Ihrem Gerät.
3. Verbinden Sie sich über das VPN und überprüfen Sie Ihre IP-Adresse online, um sicherzustellen, dass sie geändert wurde.

4. Surfen Sie im Internet und beachten Sie Unterschiede in der Geschwindigkeit und Zugänglichkeit.

Übung 4: Durchführen einer Datensicherung

Ziel: Sicherung wichtiger Daten auf einem externen Laufwerk oder in der Cloud.

Schritte:

1. Wählen Sie wichtige Dateien auf Ihrem Computer aus.
2. Schließen Sie ein externes Laufwerk an oder wählen Sie einen Cloud-Dienst.
3. Kopieren Sie die ausgewählten Dateien auf das Laufwerk oder in den Cloud-Speicher.
4. Überprüfen Sie, ob die Kopien erfolgreich erstellt wurden.

Übung 5: Identifizieren von Phishing-E-Mails

Ziel: Lernen, verdächtige E-Mails zu erkennen.

Schritte:

1. Öffnen Sie Ihren E-Mail-Posteingang.
2. Überprüfen Sie Ihre E-Mails auf verdächtige Anzeichen wie Rechtschreibfehler, unbekannte Absender oder auffällige Anhänge.
3. Melden Sie verdächtige E-Mails als Spam.

Übung 6: Einrichten eines Gäste-WLANs

Ziel: Einrichten eines separaten Gäste-WLANs in Ihrem Heimnetzwerk.

Schritte:

1. Greifen Sie auf die Router-Einstellungen zu.
2. Suchen Sie die Option, um ein Gäste-WLAN einzurichten.
3. Konfigurieren Sie das Gäste-WLAN mit einem sicheren Passwort.
4. Testen Sie das Gäste-WLAN mit einem mobilen Gerät.

Diese praktischen Übungen sollen Ihnen helfen, verschiedene Aspekte der digitalen Sicherheit besser zu verstehen und anzuwenden. Regelmäßiges Üben und Aktualisieren Ihrer Kenntnisse und Fähigkeiten ist der Schlüssel, um sicher im digitalen Raum zu navigieren.

Übung 1: Erstellen eines neuen E-Mail-Kontos bei einem beliebten Anbieter

Ziel: Ein E-Mail-Konto bei einem Anbieter wie *Gmail, Outlook* oder *Yahoo* einrichten.

Schritte:

1. Besuchen Sie die Website des E-Mail-Anbieters (z.B. gmail.com).
2. Klicken Sie auf die Option zur Erstellung eines neuen Kontos.
3. Füllen Sie das Anmeldeformular aus, einschließlich Name, gewünschte E-Mail-Adresse und Passwort.
4. Folgen Sie den Anweisungen zur Verifizierung Ihres Kontos (z.B. über eine Handynummer).
5. Melden Sie sich mit Ihren neuen Anmeldedaten an und erkunden Sie das E-Mail-Interface.

Übung 2: Konfigurieren von E-Mail-Sicherheitseinstellungen

Ziel: Verbesserung der Sicherheit Ihres neu erstellten E-Mail-Kontos.

Schritte:

1. Melden Sie sich bei Ihrem E-Mail-Konto an.
2. Gehen Sie zu den Einstellungen und suchen Sie nach dem Sicherheitsbereich.
3. Aktivieren Sie Zwei-Faktor-Authentifizierung (2FA), wenn verfügbar.
4. Überprüfen Sie die Sicherheitsfragen und passen Sie sie an, falls notwendig.
5. Stellen Sie sicher, dass Ihr Passwort stark und einzigartig ist.

Übung 3: Einrichten von E-Mail-Ordnern und Filtern

Ziel: Organisieren Ihres Posteingangs durch Erstellen von Ordnern und Filtern.

Schritte:

1. Melden Sie sich bei Ihrem E-Mail-Konto an.
2. Suchen Sie die Optionen zum Erstellen neuer Ordner oder Labels.
3. Erstellen Sie Ordner für verschiedene Kategorien (z.B. Arbeit, Persönlich, Rechnungen).
4. Richten Sie Filter oder Regeln ein, um eingehende E-Mails automatisch in die entsprechenden Ordner zu verschieben.

Übung 4: Senden und Empfangen von E-Mails

Ziel: Grundlegende E-Mail-Kommunikation üben.

Schritte:

1. Verfassen Sie eine neue E-Mail, indem Sie auf "Neue Nachricht" oder einen ähnlichen Button klicken.
2. Geben Sie die E-Mail-Adresse des Empfängers, den Betreff und den Nachrichtentext ein.
3. Senden Sie die E-Mail und warten Sie auf eine Antwort.
4. Überprüfen Sie Ihren Posteingang und den Spam-Ordner auf eingehende Nachrichten.

Übung 5: Anhänge hinzufügen und herunterladen

Ziel: Erlernen des Umgangs mit E-Mail-Anhängen.

Schritte:

1. Erstellen Sie eine neue E-Mail.
2. Verwenden Sie die Option zum Anhängen von Dateien (meist ein Clip-Symbol) und wählen Sie eine Datei von Ihrem Gerät aus.
3. Senden Sie die E-Mail an sich selbst oder einen Freund.
4. Öffnen Sie die empfangene E-Mail und üben Sie das Herunterladen des Anhangs.

Diese Übungen bieten einen praktischen Ansatz, um grundlegende Fähigkeiten im Umgang mit E-Mail-Konten zu erlernen und zu verbessern. Es ist wichtig, sich mit den verschiedenen Funktionen und Sicherheitsaspekten vertraut zu machen, um eine effiziente und sichere E-Mail-Kommunikation zu gewährleisten.

62 Schritt für Schritt Anleitung: Sicherheitssoftware

Das Installieren von Sicherheitssoftware wie Antivirus- oder Antimalware-Programmen ist ein wichtiger Schritt, um Ihren Computer vor Viren, Malware und anderen Bedrohungen zu schützen. Hier ist eine allgemeine Anleitung für diesen Prozess:

Schritt 1: Auswahl der Sicherheitssoftware

Recherche: Erkundigen Sie sich über verschiedene Sicherheitssoftware-Anbieter wie *TotalAV, Avira, Norton, McAfee, Kaspersky, Bitdefender, Microsoft Defender* oder *Avast*.

Bewertungen und Empfehlungen: Lesen Sie Online-Bewertungen und Empfehlungen, um eine Software zu finden, die Ihren Bedürfnissen entspricht.

Kostenlose vs. Bezahlt: Entscheiden Sie, ob Sie eine kostenlose Version oder eine bezahlte Premium-Version benötigen, die oft zusätzliche Funktionen bietet.

Schritt 2: Herunterladen der Software

Offizielle Website: Besuchen Sie die offizielle Website des Anbieters, um die Software herunterzuladen. Vermeiden Sie das Herunterladen von Drittanbieter-Websites, da diese möglicherweise unsicher sind.

Download: Wählen Sie die für Ihr Betriebssystem passende Version (*Windows, MacOS* usw.) und klicken Sie auf den Download-Button.

Schritt 3: Installation der Software

Installationsdatei: Nach dem Herunterladen öffnen Sie die Installationsdatei (meist eine .exe-Datei bei *Windows* oder eine .dmg-Datei bei *MacOS*).

Installationsanweisungen: Folgen Sie den Anweisungen des Installationsassistenten. Dies kann das Akzeptieren der Lizenzvereinbarung, das Wählen eines Installationsorts und das Auswählen bestimmter Funktionen umfassen.

Abschluss der Installation: Sobald die Installation abgeschlossen ist, starten Sie Ihren Computer neu, falls dies vom Installationsprogramm verlangt wird.

Schritt 4: Konfigurieren der Sicherheitssoftware

Software-Einstellungen: Öffnen Sie das Programm und gehen Sie die Einstellungen durch. Aktivieren Sie Funktionen wie Echtzeitschutz, Firewall und regelmäßige Scans.

Aktualisierung der Virendefinitionen: Stellen Sie sicher, dass die Software ihre Virendefinitionen automatisch aktualisiert, um den bestmöglichen Schutz zu gewährleisten.

Schritt 5: Durchführen eines ersten Scans

Erster Scan: Führen Sie einen ersten vollständigen Systemscan durch, um zu überprüfen, ob Ihr Gerät frei von Viren und Malware ist.

Regelmäßige Scans: Planen Sie regelmäßige Scans ein, um Ihr System kontinuierlich zu überwachen.

Schritt 6: Laufende Wartung

Software-Updates: Halten Sie Ihre Sicherheitssoftware stets auf dem neuesten Stand, um Schutz vor den neuesten Bedrohungen zu erhalten.

Überwachung: Überwachen Sie regelmäßig die Benachrichtigungen und Berichte Ihrer Sicherheitssoftware, um über den Sicherheitsstatus Ihres Computers informiert zu bleiben.

Durch die Installation und Konfiguration einer zuverlässigen Sicherheitssoftware können Sie einen wichtigen Beitrag zum Schutz Ihres Computers und Ihrer persönlichen Daten leisten. Regelmäßige Updates und Scans sind entscheidend, um aufkommende Bedrohungen effektiv abzuwehren.

63 Praktische Übungen und Anleitungen: Stärkung der Digitalkompetenz

Übung 1: Phishing-E-Mail-Erkennung

Ziel: Lernen, Phishing-E-Mails zu erkennen und darauf richtig zu reagieren.

Schritte:

1. Sammeln Sie Beispiele für Phishing-E-Mails (Sie können Beispiele aus dem Internet suchen oder simulierte Phishing-E-Mails verwenden).
2. Analysieren Sie die E-Mails auf verdächtige Merkmale wie ungewöhnliche Absenderadressen, Rechtschreibfehler, unbekannte Links oder Anhänge.
3. Diskutieren Sie, warum diese E-Mails betrügerisch sind und wie man in solchen Situationen am besten reagiert.

Übung 2: Sichere Passworterstellung

Ziel: Entwickeln Sie Fähigkeiten zur Erstellung und Verwaltung sicherer Passwörter.

Schritte:

1. Erlernen Sie die Grundlagen der Passwortsicherheit (Mindestlänge, Verwendung von Sonderzeichen etc.).
2. Üben Sie die Erstellung starker Passwörter.
3. Diskutieren Sie den Nutzen von Passwortmanagern und die Bedeutung der 2-Faktor-Authentifizierung.

Übung 3: Analyse eines Cybersecurity-Vorfalls

Ziel: Verstehen der Dynamik und Auswirkungen eines realen Cybersecurity-Vorfalls.

Schritte:

1. Wählen Sie einen bekannten Cybersecurity-Vorfall aus (z.B. WannaCry-Ransomware-Angriff).
2. Recherchieren Sie den Vorfall, einschließlich der Ursachen, Auswirkungen und der Reaktion darauf.
3. Diskutieren Sie, welche Sicherheitsmaßnahmen hätten getroffen werden können, um den Schaden zu minimieren oder den Angriff zu verhindern.

Übung 4: Einrichten und Sichern eines Heimnetzwerks

Ziel: Praktische Erfahrung im Sichern eines Heimnetzwerks.
Schritte:
1. Überprüfen Sie die Sicherheitseinstellungen Ihres eigenen Heimnetzwerks (Router-Passwort, WLAN-Verschlüsselung etc.).
2. Ändern Sie Standardpasswörter und aktivieren Sie WPA2- oder WPA3-Verschlüsselung.
3. Diskutieren Sie zusätzliche Sicherheitsmaßnahmen wie Firewalls, Gastnetzwerke und Netzwerküberwachungstools.

Übung 5: Sicheres Online-Shopping

Ziel: Erlernen sicherer Praktiken für Online-Transaktionen.
Schritte:
1. Wählen Sie eine E-Commerce-Website aus und überprüfen Sie ihre Sicherheitsmerkmale (SSL-Zertifikat, Zahlungsoptionen etc.).
2. Diskutieren Sie, wie man gefälschte oder unsichere Online-Shops erkennen kann.
3. Erörtern Sie die Bedeutung von sicheren Zahlungsmethoden und Datenschutz beim Online-Shopping.

Übung 6: Verwendung eines VPN

Ziel: Einrichten und Verwenden eines VPN-Dienstes.
Schritte:
1. Wählen Sie einen VPN-Dienst aus und richten Sie ihn auf Ihrem Gerät ein.
2. Verbinden Sie sich mit dem VPN und besuchen Sie Websites, während Ihre Verbindung verschlüsselt ist.
3. Diskutieren Sie, in welchen Szenarien die Verwendung eines VPN besonders wichtig ist (z.B. bei der Nutzung öffentlicher WLANs).

Diese praktischen Übungen und Fallstudien sind darauf ausgerichtet, reale Szenarien zu simulieren und Ihre Fähigkeiten im Umgang mit digitalen Sicherheitsrisiken zu verbessern. Indem Sie diese Übungen durchführen, können Sie ein tieferes Verständnis für die Komplexität der Cybersecurity gewinnen und lernen, wie Sie sich und Ihre Daten effektiv schützen können.

Schlusswort

Zusammenfassung der wichtigsten Punkte

In unserer heutigen, digital vernetzten Welt ist das Verständnis und die Anwendung von Cybersecurity-Praktiken unerlässlich. Hier sind die Kernpunkte:

Passwortsicherheit: Die Verwendung starker, einzigartiger Passwörter für jedes Konto ist entscheidend. Die Nutzung von Passwortmanagern und die Aktivierung der Zwei-Faktor-Authentifizierung bieten zusätzlichen Schutz.

Sicherheit in WLAN-Netzwerken: Sichere Heimnetzwerke durch starke Passwörter, WPA2/WPA3-Verschlüsselung und regelmäßige Router-Updates. Seien Sie vorsichtig in öffentlichen WLANs und nutzen Sie VPNs für sichere Verbindungen.

Online-Banking und -Einkauf: Wählen Sie sichere Zahlungsmethoden und achten Sie auf die Sicherheitsmerkmale von Online-Shops. Überwachen Sie regelmäßig Ihre Kontobewegungen und bleiben Sie wachsam gegenüber Phishing-Versuchen.

Datensicherung und -wiederherstellung: Regelmäßige Datensicherungen auf externen Festplatten, USB-Sticks oder in der Cloud sind unerlässlich, um Datenverlust vorzubeugen. Üben Sie auch die Wiederherstellung von Daten, um auf Notfälle vorbereitet zu sein.

Erkennen und Umgang mit Cyberbedrohungen: Seien Sie sich der verschiedenen Arten von Cyberbedrohungen wie Phishing, Malware und Ransomware bewusst. Installieren und aktualisieren Sie regelmäßig Sicherheitssoftware und bleiben Sie über die neuesten Bedrohungen informiert.

Digitale Bildung und Bewusstsein: Regelmäßige Schulungen und Übungen zur Steigerung der digitalen Kompetenz sind entscheidend. Dies umfasst das Erkennen gefälschter E-Mails, das sichere Einrichten von Netzwerken und das bewusste Verhalten im Internet.

Vorsichtsmaßnahmen im Alltag: Entwickeln Sie eine Grundhaltung der Vorsicht und Überprüfung im digitalen Raum. Dies beinhaltet das kritische Betrachten von E-Mails, Webseiten und Online-Angeboten.

Das Internet bietet eine Fülle an Möglichkeiten und Vorteilen, aber es ist auch wichtig, sich der Sicherheitsaspekte bewusst zu sein. Hier sind einige einfache und praktische Tipps, um Ihre Erfahrungen im Internet sicher und angenehm zu gestalten:

Sicherheit geht vor: Verwenden Sie starke Passwörter für Ihre Online-Konten und ändern Sie diese regelmäßig. Ein starkes Passwort besteht aus einer Kombination von Buchstaben, Zahlen und Sonderzeichen.

Seien Sie vorsichtig mit persönlichen Informationen: Teilen Sie persönliche Informationen wie Ihre Adresse, Telefonnummer oder Finanzdaten nur auf vertrauenswürdigen Websites, und achten Sie darauf, dass die Website-Adresse mit „https://" beginnt, was eine sichere Verbindung anzeigt.

Achten Sie auf Phishing-Versuche: Seien Sie vorsichtig bei E-Mails oder Nachrichten, die Sie nach persönlichen Informationen oder Passwörtern fragen. Offizielle Institutionen werden Sie nie per E-Mail um solche Informationen bitten.

Aktualisieren Sie regelmäßig Ihre Software: Halten Sie Ihr Betriebssystem, Ihren Browser und Ihre Virenschutzprogramme immer auf dem neuesten Stand, um gegen Sicherheitsbedrohungen geschützt zu sein.

Nutzung von Anti-Viren-Software: Installieren Sie eine zuverlässige Anti-Viren-Software und führen Sie regelmäßige Scans durch, um Ihren Computer vor Viren und Malware zu schützen.

Seien Sie skeptisch gegenüber Angeboten, die zu gut klingen, um wahr zu sein: Betrüger nutzen oft unglaubliche Angebote, um Menschen in die Falle zu locken. Bei Zweifeln ist es besser, vorsichtig zu sein.

Lernen Sie und fragen Sie nach Hilfe: Scheuen Sie sich nicht, Familienmitglieder oder Freunde um Hilfe zu bitten, wenn Sie unsicher im Umgang mit dem Internet sind. Es gibt auch viele Kurse und Ressourcen, die speziell für ältere Menschen entwickelt wurden, um den Einstieg in die digitale Welt zu erleichtern.

Das Internet ist ein wunderbarer Ort für Bildung, Kommunikation und Unterhaltung. Mit diesen einfachen Sicherheitstipps können Sie die digitale Welt sicher und selbstbewusst erkunden.

Die Integration älterer Menschen in die digitale Welt ist ein entscheidender Schritt, um ihre Lebensqualität zu verbessern und sie aktiv in unsere sich schnell verändernde Gesellschaft einzubinden. Während die Überwindung der digitalen Kluft und die Gewährleistung der Sicherheit im Netz Herausforderungen darstellen, sind die Vorteile, die sich aus der Nutzung digitaler Technologien ergeben, unbestritten. Durch gezielte Unterstützungsangebote und Bildungsinitiativen können ältere Menschen ermutigt werden, die Chancen der digitalen Welt zu nutzen, um zu lernen, zu kommunizieren und ihr Wohlbefinden zu fördern.

Es ist unsere gemeinsame Verantwortung, digitale Brücken zu bauen, die allen Generationen den Zugang zur Online-Kommunikation ermöglichen.

Bleiben Sie neugierig aber immer auch vorsichtig!

Quellenverzeichnis

Kapitel 1
Globalisierung und Vernetzung
Friedman, Thomas L. "The World Is Flat: A Brief History of the Twenty-First Century." Farrar, Straus and Giroux, 2005. Kapitel 2, "The Ten Forces That Flattened the World."
Wissens- und Informationszugang
Benkler, Yochai. "The Wealth of Networks: How Social Production Transforms Markets and Freedom." Yale University Press, 2006. Kapitel 4, "Information Environment."
Wirtschaftliche Auswirkungen
McKinsey Global Institute. "Digital Globalization: The New Era of Global Flows." McKinsey & Company, 2016. Abschnitt 3, "Economic Impacts of Digital Flows."
Soziale Interaktion
Smith, Aaron, und Maeve Duggan. "Social Media Update 2014." Pew Research Center, 2014.
Bildung und Lernen
Bates, Tony. "Teaching in a Digital Age." Tony Bates Associates Ltd., 2015. Kapitel 7, "Pedagogical Differences between Media."
Arbeitswelt
World Economic Forum. "The Future of Jobs Report 2018." World Economic Forum, 2018. Abschnitt "Drivers of Change."
Gesundheitswesen
Terry, Neil P. "Telemedicine and Telehealth: Principles, Policies, Performances and Pitfalls." Springer Publishing, 2010. Kapitel 5, "Improving Access to Healthcare."
Regierung und Verwaltung
Bundesamt für Sicherheit in der Informationstechnik. "E-Government Handbook." Bundesamt für Sicherheit in der Informationstechnik, 2018. Abschnitt "E-Government Services."
Datensicherheit und Privatsphäre
European Union Agency for Cybersecurity (ENISA). "ENISA Threat Landscape Report 2020." ENISA, 2020. Kapitel 2, "Cyber Threats and Trends."

Kapitel 2
Technologische Barrieren
Czaja, Sara J., and Chin Chin Lee. "The Impact of Aging on Access to Technology." Universal Access in the Information Society, vol. 5, no. 4, 2007, pp. 341-349.
Digitale Kompetenz
Eurostat. "Individuals - Digital Skills." 2020..
Vorbehalte und Ängste
Olphert, Wendy, and Leela Damodaran. "Older People and Digital Disengagement: A Fourth Digital Divide?" Gerontology, vol. 53, no. 6, 2013, pp. 684-690..

Kapitel 3
Aktive Beteiligung
Rogers, Wendy A., and Arthur D. Fisk. "Human Factors Interventions for the Health Care of Older Adults." The Journals of Gerontology: Series A, vol. 56, no. 6, 2001, pp. M373-M377..
Verbesserte Zugänglichkeit
Silver Surfer Initiative in Luxemburg. Diese spezifische Initiative zeigt, wie ältere Freiwillige in der Internetsicherheit trainiert werden und andere ältere Menschen schulen.
Bericht „Inclusion and Accessibility in Action: Case Studies from Around the World" von der International Telecommunication Union (ITU), verfügbar auf der ITU-Website.
Unterstützungsnetzwerke
Bundesministerium für Familie, Senioren, Frauen und Jugend (BMFSFJ). "Die Bundesländer treten dem DigitalPaktAlter bei." Verfügbar unter DigitalPaktAlter.
Allgemeine Diskussion über Herausforderungen und Chancen
Seifert, Alexander, et al. "Technology Adoption by Older Adults: Findings from the Health and Retirement Study." The Gerontologist, vol. 60, no. 7, 2020, pp. 1305-1315..

Kapitel 4
Die Anfänge und ARPANET
Abbate, Janet. "Inventing the Internet." MIT Press, 1999.
Entwicklung von TCP/IP

Cerf, Vint und Kahn, Robert E. "A Protocol for Packet Network Intercommunication." IEEE Transactions on Communications, Vol. COM-22, No. 5, Mai 1974.
Die Einführung des DNS
Mockapetris, Paul. "Domain Names - Concepts and Facilities." RFC 1034, November 1987.
Die Entstehung des World Wide Web
Berners-Lee, Tim. "Information Management: A Proposal." CERN, März 1989, revidiert Mai 1990.
Grundlagen und Evolution des Internets
Leiner, Barry M., et al. "A Brief History of the Internet." Internet Society, 1997.
Entwicklung des World Wide Web und der Browser
Berners-Lee, Tim. "Weaving the Web: The Original Design and Ultimate Destiny of the World Wide Web by Its Inventor." HarperSanFrancisco, 1999.
Digitale Inklusion und Barrierefreiheit
Goggin, Gerard, und Christopher Newell. "Digital Disability: The Social Construction of Disability in New Media." Rowman & Littlefield, 2003.
Auswirkungen von Mobiltechnologie und Internet der Dinge
Perera, Charith, et al. "Sensing as a Service Model for Smart Cities Supported by Internet of Things." Transactions on Emerging Telecommunications Technologies, vol. 25, no. 1, 2014, pp. 81-93.
Zukünftige Technologien und ihre gesellschaftlichen Implikationen
Rainie, Lee, und Janna Anderson. "The Future of the Internet." Pew Research Center, 2014.
Datenschutz und Sicherheit im Internet
Finn, Rachel L., und David Wright. "Privacy, Data Protection and Ethics in the Context of Cyber Security." Computer Law & Security Review, vol. 34, no. 2, 2018, pp. 349-359.

Kappitel 5
Grundlagen der IP-Adressierung und TCP/IP
Comer, Douglas E. "Internetworking with TCP/IP Vol.1: Principles, Protocols, and Architecture." Prentice Hall, 2000.
Entwicklung und Bedeutung des IPv6
Deering, Steve und Hinden, Robert. "Internet Protocol, Version 6 (IPv6) Specification." RFC 8200, Juli 2017.
Funktionsweise des DNS
Mockapetris, Paul. "Domain names - Concepts and Facilities." RFC 1034, November 1987.
Webtechnologien und Browser
Berners-Lee, Tim, Cailliau, Robert. "World-Wide Web: Proposal for a HyperText Project." 1990.
Moderne Internetdienste und Sicherheit
Stallings, William. "Network Security Essentials: Applications and Standards." Prentice Hall, 2017.
Ausblick auf zukünftige Technologien
Greengard, Samuel. "The Internet of Things." MIT Press, 2015.

Kapitel 6
Grundlagen und Funktionen von Internetbrowsern
Nielsen, Jakob. "Designing Web Usability." New Riders Publishing, 1999.
Technologien hinter Browsern
Flanagan, David. "JavaScript: The Definitive Guide." O'Reilly Media, 2020.
Datenschutz und Sicherheit in Browsern
Schneier, Bruce. "Applied Cryptography: Protocols, Algorithms, and Source Code in C." John Wiley & Sons, 1996.
Entwicklung und Geschichte der Webbrowser
Clark, Jim. "Netscape Time: The Making of the Billion-Dollar Start-Up That Took on Microsoft." St. Martin's Press, 1999.
Cookies und Tracking-Technologien
Soltani, Ashkan, et al. "Flash Cookies and Privacy." In AAAI Spring Symposium: Intelligent Information Privacy Management, 2010.

Kapitel 7
Grundlagen der E-Mail-Kommunikation
Tomlinson, Ray. "The First Network Email." BBN Report, 1971.
E-Mail-Protokolle
Postel, Jonathan B. "Simple Mail Transfer Protocol." RFC 821, 1982.
Crispin, Mark. "Internet Message Access Protocol - Version 4rev1." RFC 3501, 2003.
Myers, J., und Rose, M. "Post Office Protocol - Version 3." RFC 1939, 1996.
Sicherheitsmechanismen in der E-Mail-Kommunikation
Dusse, S., et al. "S/MIME Version 3 Message Specification." RFC 2633, 1999.
Hadnagy, Christopher. "Phishing Dark Waters: The Offensive and Defensive Sides of Malicious Emails." Wiley, 2015.
Integration von Kommunikationsplattformen

Schadler, Ted. "The Mobile Mind Shift: Engineer Your Business To Win in the Mobile Moment." Forrester Research, 2014.

Kapitel 8
Grundlagen und Funktionen von Anwendungen
Shneiderman, Ben, und Plaisant, Catherine. "Designing the User Interface: Strategies for Effective Human-Computer Interaction." Pearson, 2010.
Entwicklung und Verteilung von Apps
Meyers, Scott. "Effective Modern C++." O'Reilly Media, 2014.
Flanagan, David. "JavaScript: The Definitive Guide." O'Reilly Media, 2020.
Mobile Apps und Plattformen
Negus, Chris, und Caen, Francois. "Android Apps with Eclipse." Apress, 2012.
Kerr, D. "Swift for Beginners: Develop and Design." Peachpit Press, 2014.
Sicherheit und Datenschutz in Apps
Stallings, William. "Cryptography and Network Security: Principles and Practices." Prentice Hall, 2011.
Trends und Zukunft der App-Entwicklung
Kipper, Greg. "Augmented Reality: An Emerging Technologies Guide to AR." Syngress, 2012.
Greengard, Samuel. "The Internet of Things." MIT Press, 2015.

Kapitel 9
Grundlagen sozialer Medien
Boyd, Danah, und Ellison, Nicole B. "Social Network Sites: Definition, History, and Scholarship." Journal of Computer-Mediated Communication, 2007.
Kaplan, Andreas M., und Haenlein, Michael. "Users of the world, unite! The challenges and opportunities of Social Media." Business Horizons, 2010.
Datenschutz und Sicherheit
Solove, Daniel J. "Understanding Privacy." Harvard University Press, 2008.
Verantwortungsvolle Nutzung und Medienkompetenz
Ribble, Mike. "Digital Citizenship in Schools." ISTE, 2011.
Einfluss sozialer Medien auf Gesellschaft und Politik
Tufekci, Zeynep. "Twitter and Tear Gas: The Power and Fragility of Networked Protest." Yale University Press, 2017.

Kapitel 10
Kommunikation
Baran, Stanley J. "Introduction to Mass Communication: Media Literacy and Culture." McGraw-Hill Education, 2014.
Dateiübertragung und Datenaustausch
Tanenbaum, Andrew S. "Computer Networks." Prentice Hall, 2011.
Soziale Netzwerke
Boyd, Danah, und Ellison, Nicole B. "Social Network Sites: Definition, History, and Scholarship." Journal of Computer-Mediated Communication, 2007.
Unterhaltung
Lotz, Amanda D. "The Television Will Be Revolutionized." New York University Press, 2014.
Gaming
Consalvo, Mia. "Cheating: Gaining Advantage in Videogames." MIT Press, 2007.
Geschäftsförderung
Chaffey, Dave, und Smith, P. R. "E-Marketing Excellence: Planning and Optimizing your Digital Marketing." Routledge, 2013.
E-Commerce
Laudon, Kenneth C., und Traver, Carol Guercio. "E-commerce 2019: Business, Technology, Society." Pearson Education, 2019.
Bildung
Bates, Tony. "Teaching in a Digital Age: Guidelines for Designing Teaching and Learning." Tony Bates Associates Ltd., 2015.
Blogging und Influencer
Khamis, Susie, Ang, Lawrence, und Welling, Raymond. "Self-branding, 'micro-celebrity' and the rise of Social Media Influencers." Celebrity Studies, 2017.

Kapitel 11
Grundlagen der Kommunikation und soziale Medien
Boyd, Danah, und Ellison, Nicole B. "Social Network Sites: Definition, History, and Scholarship." Journal of Computer-Mediated Communication, vol. 13, no. 1, 2007, Artikel 11.
Tanenbaum, Andrew S., und Wetherall, David J. "Computer Networks." 5. Aufl., Pearson Education, 2011.

E-Mail-Dienste (Outlook, Gmail, GMX, WEB.DE)
Microsoft Corporation. "Outlook." Microsoft, 2021.
Google LLC. "Gmail: Secure Enterprise Email for Business." Google, 2021.
Sicherheit und Datenschutz in der digitalen Kommunikation
Schneier, Bruce. "Data and Goliath: The Hidden Battles to Collect Your Data and Control Your World." W. W. Norton & Company, 2015.

Kapitel 12
Grundlagen sozialer Medien:
Boyd, Danah, und Ellison, Nicole B. "Social Network Sites: Definition, History, and Scholarship." Journal of Computer-Mediated Communication, vol. 13, no. 1, 2007.
Van Dijck, José. "The Culture of Connectivity: A Critical History of Social Media." Oxford University Press, 2013.
Digitale Kommunikation und Datenschutz:
Solove, Daniel J. "Understanding Privacy." Harvard University Press, 2008.
Medienkompetenz und Umgang mit Fake News:
Wineburg, Sam, und McGrew, Sarah. "Lateral Reading: Reading Less and Learning More When Evaluating Digital Information." Stanford History Education Group, 2017.

Kapitel 13
Datenschutz und soziale Medien:
Quelle: Kang, Cecilia. "Privacy and Social Media: An International Study on Laws and Regulations." Journal of Global Information Technology Management, vol. 17, no. 3, 2014.
Leitfaden zum Datenschutz in sozialen Netzwerken:
Quelle: Funkhouser, E. "Protecting Your Online Privacy: Risks and Strategies." Datenschutz und Datensicherheit - DuD, vol. 38, no. 6, 2014.
Technische Aspekte der Datensicherheit:
Quelle: Whitman, Michael E., and Mattord, Herbert J. "Principles of Information Security." Cengage Learning, 2018.
Ratgeber für Verbraucher zum Datenschutz:
Quelle: Federal Trade Commission. "Protecting Consumer Privacy in an Era of Rapid Change." 2012.

Kapitel 14
Digitale Privatsphäre und Identitätsschutz:
Quelle: Mitnick, Kevin D., und Simon, William L. "The Art of Deception: Controlling the Human Element of Security." Wiley, 2002.
Sicheres Online-Verhalten:
Quelle: Hadnagy, Christopher. "Social Engineering: The Science of Human Hacking." Wiley, 2018.
Datenschutz in sozialen Netzwerken:
Quelle: Nissenbaum, Helen. "Privacy in Context: Technology, Policy, and the Integrity of Social Life." Stanford University Press, 2009.
Phishing und Online-Betrug:
Quelle: Granger, Sarah. "The Digital Mystique: How the Culture of Connectivity Can Empower Your Life—Online and Off." Seal Press, 2014.

Kapitel 15
Zoom
Zoom Video Communications, Inc. Offizielle Website und Dokumentation von Zoom, die Merkmale und Funktionalitäten des Dienstes beschreibt.
Skype
Microsoft Corporation. Offizielle Dokumentation von Skype auf der Microsoft-Website, die die Funktionen und Nutzung von Skype erläutert.
WhatsApp Web
WhatsApp Inc. Offizielle Erklärung und Anleitung für WhatsApp Web auf der WhatsApp-Website, die zeigt, wie man den Dienst über einen Webbrowser nutzt.

Kapitel 16
Google
Google LLC. Offizielle Website und Dokumentation von Google, die die Merkmale und Funktionalitäten der Google-Suchmaschine beschreibt. Informationen über die Geschichte und die technischen Aspekte der Suchmaschine sind direkt von Google bereitgestellten Quellen entnommen.
Bing

Microsoft Corporation. Offizielle Dokumentation von Bing auf der Microsoft-Website, die die Funktionen und Nutzung der Bing-Suchmaschine erläutert. Zusätzliche Informationen über die Entwicklungen und Dienste von Bing stammen aus den offiziellen Ankündigungen und Ressourcen von Microsoft.

Kapitel 17
Wikipedia
Wikimedia Foundation. Offizielle Website und Dokumentation von Wikipedia, die die Merkmale und Funktionalitäten der Online-Enzyklopädie beschreibt. Informationen über die Geschichte, die redaktionellen Prinzipien und die Nutzergemeinschaft basieren auf den offiziellen Angaben der Wikimedia Foundation und veröffentlichten Richtlinien auf der Wikipedia-Plattform.

Kapitel 18
Netflix
Netflix, Inc. Offizielle Website und Pressemitteilungen von Netflix, die die Entwicklung, Funktionen und Angebote des Streaming-Dienstes beschreiben. Zusätzliche Informationen basieren auf öffentlich zugänglichen Daten und Berichten über die Expansion und den Einfluss von Netflix in der globalen Medienlandschaft.
YouTube
Google LLC. Offizielle Ressourcen und Dokumentationen von YouTube, bereitgestellt durch Google, das über die Funktionalitäten, Geschichte und den Einfluss der Plattform auf moderne Medien informiert. Die Angaben reflektieren die Rolle von YouTube in der digitalen Kultur und seine Integration in das breitere Google-Ökosystem.
Amazon Prime Video
Amazon.com, Inc. Offizielle Website und Pressemitteilungen, die Einblicke in die Dienstleistungen und Merkmale von Amazon Prime Video geben, einschließlich der Vielfalt der Inhalte und der Zusatzleistungen für Abonnenten.
Disney+
The Walt Disney Company. Offizielle Publikationen und Pressemitteilungen, die detaillierte Informationen über die Merkmale, den Zuwachs und die strategische Ausrichtung von Disney+ als Teil des umfangreichen Unterhaltungsangebots von Disney liefern.
WOW
Sky Group. Offizielle Website und Kommunikationsmaterialien von Sky, die Details über das Angebot von WOW (ehemals Sky Ticket), die verfügbaren Abonnements und die Zielgruppenstrategie des Dienstes bieten.
Apple TV+
Apple Inc. Offizielle Pressemitteilungen und Informationen auf der Website von Apple, die Funktionen, Inhalte und technische Spezifikationen von Apple TV+ erklären, einschließlich der Betonung auf hochwertige Originalproduktionen.
Paramount+
Paramount Global. Offizielle Mitteilungen und Inhalte der Website, die Einblicke in die Angebotspalette, strategische Ausrichtung und die Bedeutung von Paramount+ im Wettbewerb der Streaming-Dienste geben.
discovery+
Discovery, Inc. Offizielle Veröffentlichungen und Pressemitteilungen, die den Fokus und die speziellen Angebote von discovery+ erläutern, sowie Informationen zur bevorstehenden Fusion mit HBO Max.
Joyn
Joyn GmbH. Offizielle Website und Pressemitteilungen von Joyn, die Informationen über die verfügbaren Inhalte, die unterschiedlichen Abo-Modelle (kostenlos mit Werbung und Joyn PLUS+ ohne Werbung) und die Integration von ProSieben-Sat.1-Sendern in das Angebot bieten.
RTL+
RTL Group. Offizielle Website und Kommunikationsmaterialien von RTL+, die Details über die Dienstleistungen, Inhalte und Abonnementoptionen des Streaming-Dienstes, einschließlich der Verfügbarkeit aller RTL-Sender und der Mediathek, erklären.
Zattoo
Zattoo Europa AG. Informationen auf der offiziellen Website, die die Dienstleistungen, Preismodelle und verfügbaren Sender bei Zattoo beschreiben, einschließlich der Unterschiede zwischen kostenlosen öffentlich-rechtlichen und kostenpflichtigen Privatsendern.
waipu.tv
Exaring AG. Offizielle Website und Presseinformationen, die die Funktionalitäten, Senderauswahl und Abonnementbedingungen von waipu.tv erläutern, sowie Informationen zur Nutzung der zugehörigen TV-App auf verschiedenen Geräten.
Mediatheken von ARD und ZDF
ARD und ZDF. Offizielle Websites und Publikationen, die Informationen über die Verfügbarkeit von Programmen der öffentlich-rechtlichen Sender in ihren Mediatheken anbieten, einschließlich der Möglichkeiten, Inhalte auf Abruf oder als Livestream zu nutzen.

Kapitel 19
Die Sims:

Offizielle Website: Electronic Arts
Microsoft Flight Simulator:
Offizielle Website: Flight Simulator
Cities: Skylines:
Verfügbar auf Steam: Steam Store
Farm Together:
Verfügbar auf Nintendo Store: Nintendo Store
Nintendo Switch Sports:
Offizielle Website: Nintendo Store
Ring Fit Adventure:
Offizielle Website: Nintendo Deutschland
Fitness Circuit:
Offizielle Website: Nintendo Deutschland
Let's Get Fit:
Offizielle Website: Nintendo Deutschland

Kapitel 20
Amazon
Amazon.com
eBay
eBay.com
eBay Kleinanzeigen (nun Kleinanzeigen)
eBay Kleinanzeigen

Kapitel 21
Booking.com
Website: Booking.com
Beschreibung: Eine der weltweit führenden Online-Reiseagenturen, bekannt für eine umfassende Auswahl an Unterkünften.
Expedia
Website: Expedia
Beschreibung: Bietet eine breite Palette an Reisedienstleistungen, darunter Flug-, Hotel- und Mietwagenbuchungen sowie Pauschalreisen.
HRS (Hotel Reservation Service)
Website: HRS
Beschreibung: Spezialisiert auf Hotelbuchungen weltweit, oft mit flexiblen Stornierungsbedingungen.
Trivago
Website: Trivago
Beschreibung: Eine Metasuchmaschine für Hotels, die Preise von verschiedenen Buchungsseiten vergleicht.
Check24
Website: Check24
Beschreibung: Ein Vergleichsportal, das Dienstleistungen wie Reisen, Flüge, Hotels und Mietwagen vergleicht.
HolidayCheck
Website: HolidayCheck
Beschreibung: Ein Portal für Hotelbewertungen und Reisebuchungen, besonders nützlich für Pauschalreisen.
Opodo
Website: Opodo
Beschreibung: Bietet umfassende Reisebuchungsdienste, einschließlich Flugtickets und Hotels.
eDreams
Website: eDreams
Beschreibung: Bietet günstige Flüge, Hotels, Mietwagen und Flug+Hotel-Kombinationen.
Airbnb
Website: Airbnb
Beschreibung: Bekannt für die Vermietung von Ferienwohnungen und einzigartigen Unterkünften.
Kayak
Website: Kayak
Beschreibung: Eine Reisesuchmaschine, die Preise für Flüge, Hotels und Mietwagen vergleicht.

Kapitel 22
Deutsche Bank Online-Banking
Deutsche Bank

Beschreibung: Bietet ein breites Spektrum an Online-Banking-Diensten für Privat- und Geschäftskunden.
Commerzbank Online-Banking
Commerzbank
Beschreibung: Sichere und benutzerfreundliche Online-Banking-Lösungen.
Sparkasse Online-Banking
Sparkasse
Beschreibung: Lokale Sparkassen bieten spezifische Online-Banking-Lösungen an.
Volksbank/Raiffeisenbank Online-Banking
Volksbank
Beschreibung: Online-Banking-Dienste, die von den regionalen Genossenschaftsbanken angeboten werden.
Postbank Online-Banking
Postbank
Beschreibung: Umfassende Online-Banking-Plattform, Teil der Deutschen Bank Gruppe.
ING Online-Banking
ING Deutschland
Beschreibung: Bietet umfangreiche Online-Banking-Services für Privatkunden.
DKB Online-Banking
DKB
Beschreibung: Bekannt für kostenlose Girokonten und attraktive Online-Banking-Konditionen.
Consorsbank Online-Banking
Consorsbank
Beschreibung: Direktbank, die umfassende Online-Banking-Dienstleistungen bietet.
N26
N26
Beschreibung: Bietet modernes mobiles Banking und einfache Bedienung über eine App.
HypoVereinsbank Online-Banking
HypoVereinsbank
Beschreibung: Umfassende Online-Dienstleistungen für Privat- und Geschäftskunden.

Kapitel 23
Check24
Website: Check24
Beschreibung: Ein führendes Vergleichsportal, das eine breite Palette von Versicherungsvergleichen bietet, einschließlich Kfz-, Haftpflicht-, Hausrat- und Krankenversicherungen.
Verivox
Website: Verivox
Beschreibung: Bekannt für den Vergleich von Energie-, Telekommunikations- und Versicherungstarifen, einschließlich Kfz- und Haftpflichtversicherungen.
Finanzcheck.de
Website: Finanzcheck.de
Beschreibung: Bietet neben Kredit- und Finanzprodukten auch Vergleichsmöglichkeiten für verschiedene Versicherungen.
Tarifcheck.de
Website: Tarifcheck.de
Beschreibung: Ein bekanntes Portal, das Vergleiche für eine Vielzahl von Versicherungen anbietet.
Versicherungscheck24.de
Website: Versicherungscheck24.de
Beschreibung: Spezialisiert auf Versicherungsvergleiche und bietet eine detaillierte Analyse der verschiedenen Versicherungsoptionen.
CLARK
Website: CLARK
Beschreibung: Bietet eine volldigitale Möglichkeit, Versicherungen zu vergleichen und zu optimieren. Nutzer können über eine App oder Website ihre Versicherungen verwalten und optimieren.

Kapitel 24
Bundeskartellamt: Das Bundeskartellamt bietet umfassende Einblicke in die Praktiken von Vergleichsportalen durch ihre Sektoruntersuchung. Diese Informationen sind entscheidend, um das Funktionieren und die Glaubwürdigkeit dieser Portale zu verstehen. Die Untersuchung ist öffentlich zugänglich unter: Bundeskartellamt - Sektoruntersuchung zu Vergleichsportalen.

Kapitel 25
SmartSteuer - Informationen direkt von der offiziellen Website: SmartSteuer

WISO Steuer - Produktinformationen von der Website des Buhl Data Service: WISO Steuer
Taxfix - Details und Funktionsweise erklärt auf der eigenen Plattform: Taxfix
Steuertipps (SteuerSparErklärung) - Informationen über die Funktionsweise und Angebote auf: Steuertipps
Zasta - Ehemals Lohnsteuer-kompakt, Informationen verfügbar auf: Zasta

Kapitel 26
Google Drive
Entwickler: Google
Offizielle Website: Google Drive
Dropbox
Entwickler: Dropbox, Inc.
Offizielle Website: Dropbox
iCloud
Entwickler: Apple Inc.
Offizielle Website: iCloud
IDrive
Entwickler: IDrive Inc.
Offizielle Website: IDrive

Kapitel 27
NetDoktor.de
Offizielle Website: NetDoktor.de
Apotheken Umschau
Offizielle Website: Apotheken Umschau
Gesundheit.de
Offizielle Website: Gesundheit.de
Onmeda.de
Offizielle Website: Onmeda.de
DocCheck
Offizielle Website: DocCheck
Fit For Fun
Offizielle Website: Fit For Fun
Bundeszentrale für gesundheitliche Aufklärung (BZgA)
Offizielle Website: BZgA
Focus Gesundheit
Teil der größeren Publikation: Focus Online
Haelthrise - Mein Gesundheitsportal
Offizielle Website: Healthrise
Vital.de
Offizielle Website: Vital.de
AOK
Offizielle Website: AOK
Barmer
Offizielle Website: Barmer
Techniker Krankenkasse
Offizielle Website: Techniker Krankenkasse

Kapitel 28
Runtastic (Adidas Running)
Offizielle Website: Adidas Running
Freeletics
Offizielle Website: Freeletics
MyFitnessPal
Offizielle Website: MyFitnessPal
Fitbit
Offizielle Website: Fitbit

Kapitel 29
Psychotherapie-Informationsdienst (PID)
Offizielle Website: Psychotherapie-Informationsdienst
Palverlag.de

Offizielle Website: PAL Verlag
MindDoc
Offizielle Website: MindDoc
7Mind
Offizielle Website: 7Mind
Psychologie Heute
Offizielle Website: Psychologie Heute
Balance - Meditation & Schlaf
Verfügbarkeit: Als App in den entsprechenden App Stores.
Stiftung Deutsche Depressionshilfe
Offizielle Website: Deutsche Depressionshilfe
Therapie.de
Offizielle Website: Therapie.de
Headspace (Deutsche Version)
Offizielle Website: Headspace
Instahelp
Offizielle Website: Instahelp

Kapitel 30
E-Mail-Anbieter wie
Google für Gmail (https://support.google.com/mail),
Microsoft für Outlook (https://support.microsoft.com/en-us/outlook),
Yahoo für Yahoo Mail (https://help.yahoo.com/kb/mail) und
Apple für iCloud Mail (https://support.apple.com/mail)
Digital Kompass (https://www.digital-kompass.de) und Robots.net (https://robots.net)

Kapitel 31
Google Mail (Gmail):
Offizielle Google Support-Seite: Gmail-Hilfe
Gmail-Hilfe
Web.de:
Offizielle Hilfeseite: Web.de Hilfe
Web.de Hilfe
Outlook (Microsoft):
Offizielle Microsoft Support-Seite: Outlook-Hilfe & -Lernen
Outlook-Hilfe

Kapitel 32
National Institute of Standards and Technology (NIST):
NIST bietet Leitlinien zur Passwortsicherheit und zur Implementierung der Zwei-Faktor-Authentifizierung, die wesentliche
Aspekte beim sicheren Management von E-Mail-Konten darstellen.
Website: NIST
Federal Trade Commission (FTC) – Tipps zur Internetsicherheit:
Die FTC bietet nützliche Informationen zum Schutz vor Phishing und anderen Online-Betrügereien.
Website: FTC Consumer Information
Cybersecurity and Infrastructure Security Agency (CISA):
CISA veröffentlicht regelmäßig Updates und Tipps, wie man seine Online-Präsenz, einschließlich E-Mail-Sicherheit, sicher
gestalten kann.
Website: CISA
Electronic Frontier Foundation (EFF) – Tipps zur digitalen Sicherheit:
EFF bietet Anleitungen zur Verwendung von Verschlüsselungen, sicheren Verbindungen und anderen Sicherheitsmaß-
nahmen.
Website: EFF
Google Sicherheitszentrum und Microsoft Sicherheitszentrum:
Diese Plattformen bieten spezifische Anleitungen für die Sicherung von E-Mail-Konten durch ihre Dienste (Gmail und Out-
look).
Google Sicherheitszentrum: Google Safety Center
Microsoft Sicherheitszentrum: Microsoft Security

Kapitel 33
Federal Trade Commission (FTC):

Die FTC bietet umfassende Informationen darüber, wie man Phishing-Angriffe erkennen kann und was man tun sollte, wenn man Ziel eines solchen Angriffs wird.
Website: FTC Consumer Information on Phishing
Cybersecurity and Infrastructure Security Agency (CISA):
CISA gibt Anleitungen zum Umgang mit Phishing und anderen Cyberbedrohungen und bietet Ressourcen, um Nutzer und Organisationen zu schützen.
Website: CISA Phishing
Europol – European Cybercrime Centre (EC3):
EC3 bietet Informationen und Warnungen zu den neuesten Phishing-Trends und Cyberkriminalitätstaktiken.
Website: Europol Cybercrime
Anti-Phishing Working Group (APWG):
Die APWG sammelt, analysiert und verteilt Informationen über Phishing und bietet Bildungsmaterialien zur Vermeidung von Phishing.
Website: APWG

Kapitel 34
Federal Trade Commission (FTC):
Die FTC bietet umfangreiche Informationen und Tipps, wie man Phishing-Angriffe erkennt und verhindert.
FTC Tipps zum Erkennen von Phishing
Cybersecurity and Infrastructure Security Agency (CISA):
CISA stellt Leitlinien und Best Practices zur Verfügung, um Phishing und andere Cyber-Bedrohungen zu erkennen und zu bekämpfen.
CISA Anleitungen zum Schutz vor Phishing
Anti-Phishing Working Group (APWG):
Die APWG sammelt Daten über Phishing-Angriffe weltweit und bietet Ressourcen zur Prävention von Phishing.
APWG Ressourcen zu Phishing
Europol – European Cybercrime Centre (EC3):
EC3 bietet Informationen und Warnungen zu den neuesten Cyberkriminalitätstaktiken, einschließlich Phishing.
Europol Informationen zu Cyberkriminalität

Kapitel 35
Federal Trade Commission (FTC) – Phishing:
Die FTC bietet umfangreiche Informationen zum Erkennen und Vermeiden von Phishing-E-Mails.
Phishing | FTC Consumer Information
Cybersecurity and Infrastructure Security Agency (CISA) – Phishing:
CISA stellt Tipps und Best Practices zur Verfügung, um Phishing und andere Cyber-Bedrohungen zu erkennen und zu bekämpfen.
Avoiding Social Engineering and Phishing Attacks | CISA
Anti-Phishing Working Group (APWG):
Die APWG ist eine internationale Organisation, die Daten über Phishing-Angriffe sammelt und Ressourcen zur Prävention von Phishing bereitstellt.
Anti-Phishing Working Group
Phishing Beispiele
Bundesamt für Sicherheit in der Informationstechnik (BSI)
https://www.bsi.bund.de/DE/Themen/Verbraucherinnen-und-Verbraucher/Cyber-Sicherheitslage/Methoden-der-Cyber-Kriminalitaet/Spam-Phishing-Co/Passwortdiebstahl-durch-Phishing/Aktuelle-Beispiele-fuer-Phishing/aktuelle-beispiele-fuer-phishing.html
Verbraucherzentrale
https://www.verbraucherzentrale.de/wissen/digitale-welt/phishingradar/phishingradar-aktuelle-warnungen-6059

Kapitel 36
Bundesamt für Sicherheit in der Informationstechnik (BSI):
Das BSI bietet umfassende Informationen und Anleitungen zum Umgang mit Phishing und anderen Sicherheitsbedrohungen.
BSI für Bürger
Verbraucherzentrale:
Die Verbraucherzentralen informieren über gängige Betrugsmethoden im Internet, einschließlich Phishing.
Verbraucherzentrale – Phishing
Bundeskriminalamt (BKA):
Das BKA bietet ebenfalls Ressourcen und Warnungen zu aktuellen Betrugsmaschen und Cyberkriminalität.
BKA – Cybercrime

Kapitel 37
Bundesamt für Sicherheit in der Informationstechnik (BSI)
Das BSI bietet Leitfäden und Empfehlungen zur Cybersicherheit, einschließlich der Nutzung sicherer Passwörter, Netzwerksicherheit und dem Umgang mit Malware.
BSI für Bürger
Verbraucherzentrale
Die Verbraucherzentrale informiert über Sicherheitssoftware und gibt Tipps zum Schutz vor Phishing und Betrugsversuchen.
Verbraucherzentrale – Sicherheit im Internet
National Institute of Standards and Technology (NIST)
NIST bietet Richtlinien zur Passwortsicherheit und anderen Cybersecurity-Best Practices.
NIST Guidelines
Cybersecurity and Infrastructure Security Agency (CISA)
CISA bietet Ressourcen und Tools zur Erkennung von Phishing, der Verwendung von Antivirus-Software und Netzwerksicherheit.
CISA – Protecting Against Cyber Threats

Kapitel 38
Bundesamt für Sicherheit in der Informationstechnik (BSI):
Das BSI bietet allgemeine Informationen und Richtlinien zur Internetsicherheit, einschließlich Tipps zum Erkennen sicherer Websites.
BSI für Bürger: Sicheres Surfen
Verbraucherzentrale:
Die Verbraucherzentrale gibt Hinweise zum sicheren Online-Einkauf und zum Erkennen von sicheren Websites.
Verbraucherzentrale – Sichere Websites erkennen
Let's Encrypt:
Als Anbieter von kostenlosen SSL/TLS-Zertifikaten bietet Let's Encrypt detaillierte Informationen über die Bedeutung und Funktion von HTTPS.
Let's Encrypt: Wie HTTPS funktioniert
Common Sense Media:
Common Sense Media bietet Leitfäden zur Bewertung der Sicherheit und Glaubwürdigkeit von Websites, insbesondere im Hinblick auf Kinder- und Jugendmedienschutz.
Common Sense Media: Website Safety

Kapitel 39
Bundesamt für Sicherheit in der Informationstechnik (BSI):
Das BSI bietet zahlreiche Ratschläge und Anleitungen zum Thema Internetsicherheit, einschließlich der Handhabung von Pop-ups und Online-Werbung.
BSI für Bürger: Sicheres Surfen
Verbraucherzentrale:
Die Verbraucherzentrale bietet Tipps zum Schutz vor unerwünschten Pop-ups und zur Sicherheit beim Online-Surfen.
Verbraucherzentrale – Unerwünschte Werbung im Internet
Electronic Frontier Foundation (EFF):
Die EFF stellt Tools und Anleitungen zur Verfügung, wie man Tracking und Werbung im Internet effektiv blockieren kann.
EFF's Privacy Badger – Ein Tool zur Blockierung von Trackern und Werbung.
AdBlock:
AdBlock bietet Informationen und die Möglichkeit, störende Werbung auf Websites zu blockieren.
AdBlock

Kapitel 40
Bundesbeauftragte für den Datenschutz und die Informationsfreiheit (BfDI):
Eine offizielle deutsche Behörde, die über Datenschutzgesetze informiert und deren Einhaltung überwacht.
Bundesbeauftragte für den Datenschutz und die Informationsfreiheit
Europäische Datenschutzgrundverordnung (DSGVO):
Die DSGVO stellt umfassende Informationen über Datenschutzregelungen in der EU bereit und ist maßgeblich für die Regelung der Datenverarbeitung durch Unternehmen.
Datenschutz-Grundverordnung
Electronic Frontier Foundation (EFF):
Eine führende Non-Profit-Organisation, die sich für Datenschutz, freie Meinungsäußerung und Verbraucherrechte im digitalen Zeitalter einsetzt.

Electronic Frontier Foundation
International Association of Privacy Professionals (IAPP):
Eine internationale Organisation, die Ressourcen und Schulungen zum Thema Datenschutz bietet.
International Association of Privacy Professionals

Kapitel 41
National Institute of Standards and Technology (NIST)
Die NIST-Richtlinien bieten umfassende Empfehlungen zur Passwortsicherheit.
NIST Password Guidelines
LastPass
Ein bekannter Passwortmanager, der auch Ratschläge zur Erstellung starker Passwörter bietet.
LastPass Password Guide
KeePass
Ein kostenloser, open-source Passwortmanager, der Benutzer beim Erstellen und Verwalten starker Passwörter unterstützt.
KeePass
Dashlane
Ein weiterer populärer Passwortmanager, der starke Passwörter generieren und verwalten kann.
Dashlane Password Tips

Kapitel 42
Bundesamt für Sicherheit in der Informationstechnik (BSI)
Das BSI bietet umfassende Informationen und Ratschläge zum Schutz vor Phishing und anderen Arten von Online-Betrug.
BSI - Phishing
Verbraucherzentrale
Die Verbraucherzentrale gibt detaillierte Informationen und Warnungen zu verschiedenen Betrugsarten, einschließlich Online-Shopping-Betrug und Romance Scams.
Verbraucherzentrale - Internetbetrug
Federal Trade Commission (FTC)
Die FTC bietet Ressourcen zur Erkennung und Meldung von Phishing und anderen Arten von Betrug.
FTC - Phishing
Europol
Europol bietet Informationen über gängige Betrugsmethoden und Tipps, wie man sich schützen kann.
Europol – Cybercrime

Kapitel 43
Bundesamt für Sicherheit in der Informationstechnik (BSI):
BSI für Bürger - Online-Betrug
Das BSI bietet detaillierte Informationen und Ratschläge, wie man sich vor verschiedenen Formen des Online-Betrugs schützen kann.
Federal Trade Commission (FTC):
FTC - Online Scams
Die FTC bietet Tipps zur Erkennung und Prävention von Online-Betrug und Phishing.
Internet Crime Complaint Center (IC3) der FBI:
IC3 - Internet Crime Prevention Tips
Das IC3 sammelt und berichtet über Internetkriminalität; auf ihrer Website finden sich Präventionstipps und aktuelle Warnungen.
Europol - European Cybercrime Centre:
Europol - Internet Organised Crime Threat Assessment (IOCTA)
Europol bietet Einblicke in die neuesten Entwicklungen im Bereich Cyberkriminalität und Präventionsempfehlungen.

Kapitel 44
Bundesamt für Sicherheit in der Informationstechnik (BSI):
BSI - Tipps für sicheres Online-Banking
Das BSI bietet Richtlinien und Ratschläge zur Sicherung Ihrer Online-Banking-Aktivitäten.
Federal Trade Commission (FTC) - USA:
FTC - Online Banking Tips
Die FTC bietet Tipps und Informationen, um sicher im Internet zu banken.
Europol - European Cybercrime Centre:
Europol - Internet Organised Crime Threat Assessment (IOCTA)
Europol berichtet über Bedrohungen im Cyberspace und bietet Empfehlungen zur Online-Sicherheit.

Kapitel 45
Bundesamt für Sicherheit in der Informationstechnik (BSI):
BSI für Bürger - Telefonbetrug
Das BSI bietet Informationen und Ratschläge, wie man sich gegen Telefonbetrug schützen kann.
Verbraucherzentrale:
Verbraucherzentrale - Telefonbetrug
Die Verbraucherzentrale bietet Hinweise und Tipps, wie man sich gegen die neuesten Maschen der Betrüger am Telefon
schützen kann.
Bundeskriminalamt (BKA):
BKA - Tipps gegen Betrug
Das BKA informiert über verschiedene Betrugsarten inklusive Telefonbetrug und gibt Tipps, wie man sich davor schützen
kann.

Kapitel 46
Die Inhalte reflektieren gängige Empfehlungen und Sicherheitsmaßnahmen, wie sie typischerweise von Behörden und
Experten für Internet- und Telefonsicherheit vorgeschlagen werden

Kapitel 47
Die Inhalte reflektieren übliche Methoden und Techniken, die von verschiedenen Dienstleistern und Geräteherstellern
empfohlen werden.

Kapitel 48
Google Sicherheitscenter - Tipps und Tools von Google zur Sicherung Ihrer Daten und Geräte: Google Sicherheitscenter
Apple Sicherheitsupdates - Informationen über die neuesten Sicherheitsupdates für Apple-Geräte: Apple Support Sicher-
heitsupdates
Bundesamt für Sicherheit in der Informationstechnik (BSI) - Ratgeber und Empfehlungen zur IT-Sicherheit, einschließlich
mobiler Geräte: BSI für Bürger

Kapitel 49
Android Hilfe - Anleitung zum Blockieren von Anrufen auf Android-Geräten: Android Hilfe
Apple Support - Anleitung zum Blockieren von Anrufen auf iPhone-Geräten: Apple Support

Kapitel 50
Norton Mobile Security
Webseite: Norton Mobile Security
McAfee Mobile Security
Webseite: McAfee Mobile Security
Avast Mobile Security
Webseite: Avast Mobile Security
NordVPN
Webseite: NordVPN
ExpressVPN
Webseite: ExpressVPN
TunnelBear
Webseite: TunnelBear
LastPass
Webseite: LastPass
Dashlane
Webseite: Dashlane
1Password
Webseite: 1Password
Find My Device (Android)
Webseite: Find My Device
Find My iPhone (iOS)
Webseite: Find My
ProtonMail
Webseite: ProtonMail
Signal Private Messenger
Webseite: Signal

Kapitel 51

Webseiten von Finanzinstituten: Die meisten Banken bieten auf ihren Webseiten Sicherheitstipps und Anleitungen für sicheres Online-Banking an.

Verbraucherschutzorganisationen:

Bundesamt für Sicherheit in der Informationstechnik (BSI): BSI für Bürger

Verbraucherzentrale: Verbraucherzentrale Tipps für Online-Banking

Spezialisierte Sicherheitsfirmen:

Norton Security Center: Tipps für sicheres Online-Banking

Kaspersky Internet Security: Sicherheitstipps für Online-Banking

Kapitel 52

Symantec (NortonLifeLock)

Symantec Security Center

Hier finden Sie detaillierte Analysen und Berichte zu verschiedenen Arten von Malware, einschließlich Banking-Trojanern wie Zeus und Dridex.

Kaspersky

Kaspersky Security Bulletin

Kaspersky bietet ausführliche Informationen über Malware-Trends und spezifische Malware-Analysen, einschließlich E-motet und TrickBot.

McAfee

McAfee Labs Threats Reports

McAfee veröffentlicht regelmäßige Berichte, die Einblicke in aktuelle Bedrohungen und spezifische Malware wie QakBot bieten.

FireEye

FireEye Threat Research

FireEye ist bekannt für seine detaillierten Berichte über Cyber-Bedrohungen und bietet Analysen zu fortgeschrittenen Malware-Kampagnen.

CERT (Computer Emergency Response Teams)

Zum Beispiel das US-CERT oder das Europäische CERT bieten Warnungen und Analysen zu aktuellen Sicherheitsbedrohungen, einschließlich Banking-Trojanern.

US-CERT Alerts

EU-CERT

Kapitel 53

Verbraucherzentralen:

Diese Organisationen bieten regelmäßig Richtlinien und Tipps zum sicheren Online-Shopping. Sie haben Webseiten in vielen Ländern, die Ratschläge und Warnungen vor unseriösen Händlern veröffentlichen.

Beispiel Deutschland: Verbraucherzentrale

Better Business Bureau (BBB):

Eine Organisation, die Informationen über die Vertrauenswürdigkeit von Geschäften in den USA und Kanada bereitstellt.

BBB Website

Internet Crime Complaint Center (IC3):

Ein von der US-Regierung unterstütztes Zentrum, das Informationen und Warnungen zu Online-Betrügereien veröffentlicht.

IC3 Website

Norton Security (Symantec):

Bietet Tipps und Software zur Erhöhung der Sicherheit beim Online-Einkaufen.

Norton Online Shopping Tips

Trusted Shops:

Ein Zertifizierungsdienst für Online-Shops, der Sicherheitskriterien prüft und Gütesiegel vergibt.

Trusted Shops Website

TÜV:

Ein technischer Überwachungsverein, der auch Zertifikate für Online-Sicherheit ausstellt.

TÜV Service Test

Kapitel 54

PayPal Sicherheitszentrum:

PayPal bietet ausführliche Sicherheitstipps und Anleitungen zur sicheren Nutzung ihres Dienstes.

PayPal Sicherheit

Klarna (Sofortüberweisung):

Klarna bietet auf ihrer offiziellen Website Informationen zur Sicherheit ihrer Zahlungsmethoden.

Klarna Sicherheitsinformationen
Giropay:
Giropay stellt Informationen über ihre Sicherheitsmaßnahmen und Funktionsweisen auf ihrer Website zur Verfügung.
Giropay Sicherheit
SEPA-Lastschrift:
Informationen zur SEPA-Lastschrift können auf den Websites der meisten europäischen Banken gefunden werden.
Visa und MasterCard:
Diese Kreditkartenanbieter bieten umfangreiche Sicherheitsleitfäden auf ihren Websites.
Visa Sicherheit
MasterCard Sicherheit
Paydirekt:
Informationen zur Sicherheit und Funktionsweise von Paydirekt finden Sie direkt auf der offiziellen Webseite des Zahlungs-
anbieters.
Paydirekt Sicherheit
Better Business Bureau (BBB):
BBB bietet Tipps zum sicheren Online-Shopping.
BBB Online Shopping Tips

Kapitel 55
Verbraucherzentralen:
Verbraucherzentralen bieten umfassende Beratung zu Verträgen und rechtlichen Fragen, besonders für ältere Menschen.
Verbraucherzentrale – Verträge und Recht
Bundesministerium der Justiz und für Verbraucherschutz:
Das Bundesministerium stellt Informationen und Materialien zu Verbraucherrechten und Vertragskonditionen bereit.
BMJV Verbraucherschutz
Betreuungsvereine und Seniorenberatungsstellen:
Diese Organisationen bieten spezielle Unterstützung für ältere Menschen an, einschließlich Hilfe beim Verständnis und
Abschluss von Verträgen.
Beispiel einer lokalen Seniorenberatungsstelle: Seniorenberatung Ihrer Stadt
Online-Rechtsberatung:
Online-Plattformen bieten oft kostenlose oder kostengünstige erste Beratung für rechtliche Fragen, inklusive Vertragsrecht.
Beispiel: anwalt.de – Rechtsberatung online

Kapitel 56
Verbraucherzentralen:
Bieten Beratung und Unterstützung bei allen Arten von Vertragsangelegenheiten, einschließlich Kündigungen.
Webseite: Verbraucherzentrale
Bundesministerium der Justiz und für Verbraucherschutz:
Stellt Informationen über Verbraucherrechte und gesetzliche Bestimmungen bereit.
Webseite: BMJV Verbraucherschutz
Anwaltskammern:
Bieten Verzeichnisse qualifizierter Anwälte, die in Vertragsrecht spezialisiert sind und rechtliche Beratung anbieten kön-
nen.
Beispiel: Bundesrechtsanwaltskammer
Seniorenberatungsstellen:
Viele Kommunen und Städte bieten spezielle Beratungsdienste für ältere Menschen an.
Informationen sind oft auf den Webseiten der jeweiligen Stadt oder Gemeinde verfügbar.
Sozialverbände wie der Sozialverband Deutschland (SoVD) oder der Bund der Senioren:
Bieten spezielle Unterstützung für ältere Menschen in rechtlichen und sozialen Fragen.
SoVD Webseite: Sozialverband Deutschland
Online-Rechtsberatungsportale:
Bieten schnellen Zugang zu rechtlicher Beratung, manchmal auch in Form von kostenlosen Erstauskünften.
Beispiel: anwalt.de

Kapitel 57
Bundesamt für Sicherheit in der Informationstechnik (BSI)
Das BSI bietet umfangreiche Ratschläge zur Netzwerksicherheit und zum sicheren Umgang mit öffentlichen WLANs.
Webseite: BSI für Bürger
Cybersecurity and Infrastructure Security Agency (CISA)
CISA, eine US-Behörde, bietet Leitfäden und Tipps zur Verbesserung der Netzwerksicherheit, einschließlich der Nutzung
öffentlicher WLANs.

Webseite: CISA Tips
Federal Trade Commission (FTC)
Die FTC stellt Informationen bereit, wie Verbraucher ihre persönlichen Daten schützen können, einschließlich der Nutzung von öffentlichen WLANs.
Webseite: FTC Consumer Advice
Electronic Frontier Foundation (EFF)
Die EFF bietet Tools und Ratschläge, wie man die Privatsphäre online schützen kann, darunter auch in öffentlichen WLAN-Netzwerken.
Webseite: EFF's Surveillance Self-Defense
Wi-Fi Alliance
Die Wi-Fi Alliance bietet Einblicke in die Technologien hinter sicheren WLAN-Verbindungen und wie man diese sicher nutzen kann.
Webseite: Wi-Fi Alliance Security

Kapitel 58
Bundesamt für Sicherheit in der Informationstechnik (BSI)
Das BSI bietet umfangreiche Richtlinien zur Sicherung von Heimnetzwerken und zur Einrichtung von Netzwerksicherheit.
Webseite: BSI für Bürger
Federal Communications Commission (FCC)
Die FCC bietet Leitfäden zur Sicherung von Heimnetzwerken, insbesondere in Bezug auf Router-Sicherheit und das Verwenden von starken Passwörtern.
Webseite: FCC Consumer Guides
Cybersecurity and Infrastructure Security Agency (CISA)
CISA bietet Tipps zur Verbesserung der Netzwerksicherheit zu Hause, einschließlich der Verwendung von Firewalls und VPNs.
Webseite: CISA Tips
Wi-Fi Alliance
Informationen zur sicheren Konfiguration von WLANs und den Unterschieden zwischen WPA2- und WPA3-Verschlüsselungen.
Webseite: Wi-Fi Alliance Security
Netzwerkhersteller und Technologieblogs
Viele Hersteller von Netzwerkgeräten wie Netgear, Asus, D-Link usw., bieten spezifische Anleitungen zur Aktualisierung von Router-Firmware und zur Sicherung von Netzwerken.
Beispiel Netgear Support: Netgear Support
Technologieblogs wie How-To Geek und TechRadar bieten regelmäßig aktualisierte Anleitungen zur Netzwerksicherheit.

Kapitel 59
Microsoft Support
Bietet Anleitungen zur Verwendung von OneDrive für Backup und Wiederherstellung.
Webseite: OneDrive Support
Google Support
Bietet Anweisungen zum Sichern von Dateien auf Google Drive.
Webseite: Google Drive Support
Apple Support
Informationen zum Sichern von Daten auf externen Geräten oder iCloud.
Webseite: Apple Backup Solutions
Western Digital
Erklärt den Einsatz von externen Festplatten und Netzwerkspeichern (NAS) für Backups.
Webseite: WD Backup Solutions
Synology
Bietet detaillierte Informationen und Anleitungen zur Einrichtung von Netzwerkspeichern (NAS) für Heim- und Geschäftsumgebungen.
Webseite: Synology NAS Solutions
Datenrettungsfirmen wie DriveSavers
Bietet professionelle Dienste zur Datenrettung für physikalisch beschädigte Speichermedien.
Webseite: DriveSavers Data Recovery
TechRadar und PCMag
Bieten Bewertungen und Anleitungen zu den besten Cloud-Speicher- und Backup-Lösungen sowie Datenwiederherstellungssoftware.
TechRadar: Best Cloud Storage Services
PCMag: Best Backup Software

Kapitel 60
StaySafeOnline (National Cyber Security Alliance)
Bietet Anleitungen und Tipps, wie man seine Online-Präsenz sichert, einschließlich der Einrichtung starker Passwörter und der Überprüfung der Sicherheit von Heimnetzwerken.
Webseite: StaySafeOnline
Federal Trade Commission (FTC)
Bietet praktische Anleitungen zur Sicherung von Netzwerken und zum Erkennen von Phishing.
Webseite: FTC Consumer Information
Cybersecurity & Infrastructure Security Agency (CISA)
Enthält Ressourcen zur Cybersecurity, einschließlich Tipps zur Sicherung von Netzwerken und der Nutzung von VPNs.
Webseite: CISA Tips
NortonLifeLock
Bietet einfache Anleitungen und Artikel zur Internet-Sicherheit, Datensicherung und zum Schutz vor Malware.
Webseite: Norton Internet Security Center
PCMag
Enthält zahlreiche Anleitungen und Artikel über die neuesten Sicherheitstechnologien und -praktiken, einschließlich VPNs und Antivirus-Software.
Webseite: PCMag Security
TechRadar
Bietet Bewertungen und Anleitungen zu verschiedenen Sicherheitssoftwareoptionen und -strategien.
Webseite: TechRadar Pro

Kapitel 61
Gmail (Google Mail)
Offizielle Google Support-Seite: Gmail-Hilfe
Hier finden Sie Anleitungen zur Einrichtung Ihres Kontos, zur Aktivierung der Zwei-Faktor-Authentifizierung und zur Verwaltung von E-Mail-Einstellungen.
Outlook (Microsoft)
Offizielle Microsoft Support-Seite: Outlook-Hilfe
Diese Seite bietet umfassende Anleitungen zur Verwendung von Outlook, einschließlich der Einrichtung von E-Mail-Konten und Sicherheitseinstellungen.
Yahoo Mail
Offizielle Hilfe-Seite: Yahoo Mail Hilfe
Auf dieser Seite finden Sie Informationen zur Kontoerstellung, zum Verwalten von Sicherheitseinstellungen und zur Organisation Ihrer E-Mails.

Kapitel 62
TotalAV
Offizielle Website: TotalAV Antivirus
Avira
Offizielle Website: Avira Antivirus
Norton
Offizielle Website: Norton Antivirus
McAfee
Offizielle Website: McAfee Antivirus
Kaspersky
Offizielle Website: Kaspersky Antivirus
Bitdefender
Offizielle Website: Bitdefender Antivirus
Microsoft Defender
Microsoft Defender ist Teil von Windows 10 und Windows 11 und benötigt keine separate Installation. Weitere Informationen finden Sie direkt in den Windows-Sicherheitseinstellungen.
Avast
Offizielle Website: Avast Antivirus

Kapitel 63
Phishing-E-Mail-Erkennung:
Federal Trade Commission (FTC) bietet Leitfäden, wie man Phishing erkennen kann: FTC Phishing
Sichere Passworterstellung:
National Institute of Standards and Technology (NIST) Leitlinien für Passwörter: NIST Password Guidelines

Analyse eines Cybersecurity-Vorfalls:
Eine detaillierte Analyse des WannaCry-Ransomware-Angriffs finden Sie auf Seiten von Cybersecurity-Firmen wie Kaspersky: WannaCry Analysis by Kaspersky
Einrichten und Sichern eines Heimnetzwerks:
Consumer Reports bietet eine Anleitung zur Sicherung von Heimnetzwerken: How to Secure Your Home Network
Sicheres Online-Shopping:
Die Internet Crime Complaint Center bietet Tipps zum sicheren Online-Einkauf: IC3 Online Shopping Tips
Verwendung eines VPN:
Die Electronic Frontier Foundation (EFF) erklärt, warum und wie man ein VPN verwendet: EFF on VPNs